1日1分!
やせブレスで
下腹ダイエット

パーソナルトレーナー
ユウトレ

池田書店

はじめに

1日の呼吸回数は約3万回といわれていますが、日常生活でその呼吸の深さに意識を向けたことはありますか？
いきなりハードルの高い質問をしてしまいましたが、それが、やせるための呼吸法「やせブレス」の着眼点です。
ダイエットには、運動や食事管理が大切なのでは？　と考えている人が多いと思います。それらに取り組む前に「呼吸方法」を徹底改善すべき、というのが僕の考えです。
呼吸に注目したきっかけは、長いマスク生活です。普段はパーソナルトレーナーとして働いていますが、２０２０年のコロナ以降、体の不調に悩むお客さまが急増しました。その悩みのほとんどは、下腹ぽっこり・下半身太り・腰痛・背中の張り・慢性的な疲労……これら全ての原因は、背中の筋肉を使いすぎた結果、腰が過剰に反ってしまう「反り腰」です。コロナ前後でなぜこのような変化が起きたのだろう、と日々考えていました。
そんなある日、「マスクをしていると呼吸がしにくいなぁ」とお客さまがこぼすのを耳にしました。肩を上下させながら、短い時間で何度も呼吸している姿。長い付き合いのお客さまだったので、コロナ前と呼吸の仕方がまるで違うことにすぐに気がつきました。

体の不調に「呼吸」が関わっているのではないか、というひらめきが生まれた瞬間です。

やせブレスを身につければ、自然とやせ体質に変わります。健康が手に入ります。なんだか夢のような話ですが、本当なのです。実際に僕のお客さまは、やせブレスにより抱えていた体の悩みとは無縁になりました。

「反り腰を治すために腹筋を頑張って、やせるために食事管理もしたのに効果がなかった。でも、やせブレスで反り腰も治って、下腹マイナス5㎝になったんです！」

そういって、とてもよろこんでくれました。

反り腰や下腹ぽっこりを改善させようとはじめた腹筋トレーニングで、腰や首を痛めた経験から、運動に苦手意識を持っていませんか？　本著では、キツいトレーニングは一切ご紹介していません。やせるための呼吸法を、とにかく分かりやすく解説しています。まずは1日1分、呼吸に意識を向けてみませんか？

ただし、無理に頑張る必要はありませんよ。自分のペースで大丈夫です。僕は変わりたいあなたを全力で応援しています！

パーソナルトレーナー
ユウトレ

Contents

Part1 ブレス&脱力練習

Part2 ブレス&エクササイズ

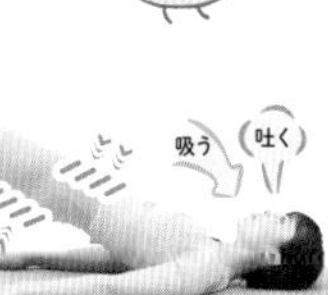

Part3 ライフスタイル編

※QRコードで動画を再生するときは、別途通信料がかかります。Wi-Fi環境下での再生をおすすめします。
※ご使用のスマートフォン・タブレット端末の環境によっては、動画が再生できない場合がありますことをご理解ください。
※スマートフォン・タブレット端末の操作方法や動画再生方法に関してのご質問には対応しかねますことをご了承ください。
※動画データは告知なく配布を中止する場合があります。
※動画の著作権はユウトレに属します。個人ではご利用いただけますが、再配布や販売、営利目的の利用はお断りします。

本書の使い方

本書では、呼吸からアプローチする姿勢改善でぽっこりお腹をすっきりさせ、**ウエストマイナス5㎝、見た目マイナス3kg を目指す呼吸法とエクササイズ「やせブレス」を紹介**しています。
まずは、**Part1で呼吸の練習**を行い、慣れてきたら**Part2のエクササイズ**に取り組んでいきましょう。
また、**Part3ではライフスタイルの見直しポイント**を解説しています。食事を整え生活を見直すことで、減量も可能です。
ダイエットとは、ただ体重を落とすのではなく健康になること。
「生物として強くなる」をテーマに、頑張りすぎた体からスッと力を抜き、より美しく元気に過ごせるための体を作っていきましょう。

Part1 ブレス&脱力練習

「1日1分でできる！ 10の動き」を紹介

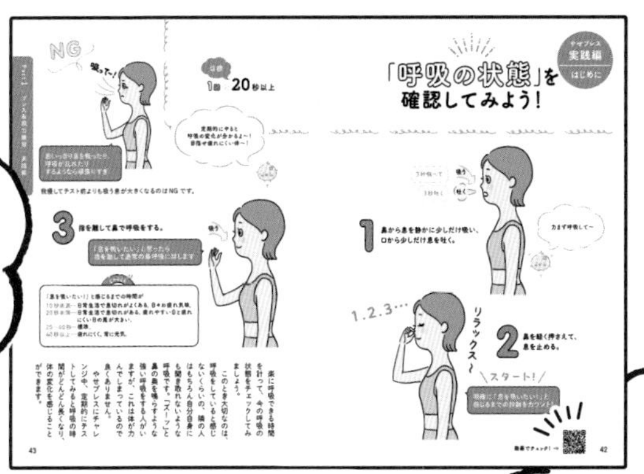

イラストと写真で
呼吸練習と
エクササイズを
丁寧に解説

Part2 ブレス&エクササイズ

「1日1分でできる！ 4週間プログラム」を紹介

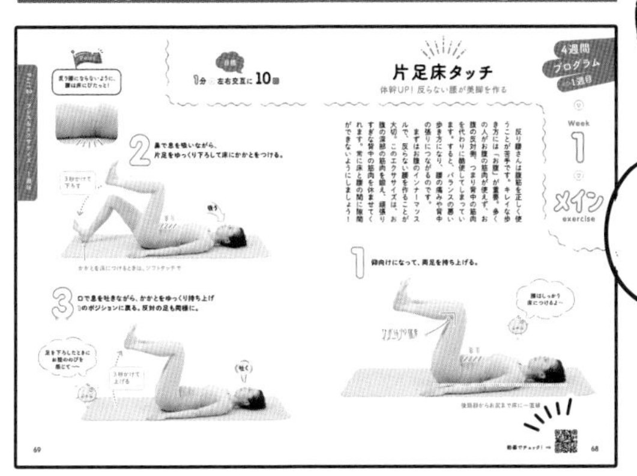

全ての動きに動画付き！
お手元のスマホ・
タブレット端末で
QR コードを読み取ると
動画がスタートします

やせブレスは
息を吐くのがポイント！
フーちゃんを見かけたら
「フー」っと息を吐くことを
思い出してね

フーちゃん

やせられない「私」図鑑

ダイエットが続かない！　こんなつもりじゃなかった！
誰もが陥りやすいダイエットあるあるを紹介。
あなたはどの「私」？

BMIは「やせ」なのに下腹ぽっこり

やせられない理由は

負担が大きい姿勢

やせたのに「下腹はぽっこり」ということはよくあります。原因は姿勢の悪さから、お腹の筋肉が使われないこと。下腹が目立つ悪循環です。まずは姿勢改善が最短ルート！

- 「やせブレス」がもっとも効くタイプ！
- 体重の数字よりも見た目を大切に！

分かっているけど運動は苦手

やせられない理由は

合わない運動

運動不足の人が突然体を動かすと、腰やひざに痛みなどが生じてしまい、運動を断念しがち。運動をはじめる前に、体を整える必要があります。

- 正しい呼吸を身につけよう（Part1,2）
- 睡眠・食事・ストレスにも気をつけられると◎

体重は落ちたけどメリハリがない

やせられない理由は

極端なカロリー制限&栄養不足

栄養価の少ない食事をとり続けるなど極端な食事制限をした結果、目標体重になっても理想のスタイルにはなれなかった経験はありませんか？ これは、栄養不足で筋肉が減ってしまい、体がたるんで見えるからです。まずは栄養で体を満たしてあげる「足し算」が大切！

いろいろなダイエット方法やエクササイズに飛びつきがち

やせられない理由は

結局すべきことが分かっていない

SNS、テレビ、雑誌、世の中にはダイエット情報が溢れかえっています。いろんな方法に飛びついても、「ダイエットとはなんぞや」を分かっていなければ、リバウンドややせられない原因にもつながります。

- Part3 でライフスタイルについてふれています！
- 正しい知識を身につけたら、のびしろだらけ！

運動や食事を変えずにサプリメントのみに頼る

不足しがちな栄養素を補うために、ときにサプリメントの力を借りることも大切です。しかし、生活習慣を変えなければ、今の体は良くなりません。最初は正直大変ですが、それが当たり前になれば一生ものです。

- サプリに頼る前にまずは食事の見直しを！
- 副菜を1品増やすなどの小さな変化からでOK

やせられない理由は

買ったことで満足

ついついTVやSNSにつられて買ったダイエットグッズはありませんか？　買ったことに満足してしまい継続できなかった、そもそも開封していないというのはあるあるです。今の自分を変えるのは、グッズではなく自分自身ということを忘れずに。

- ものを買わなくても、状況は変えられます！
- グッズを買って「やせた気分」になるのではなく、実際の行動が大切

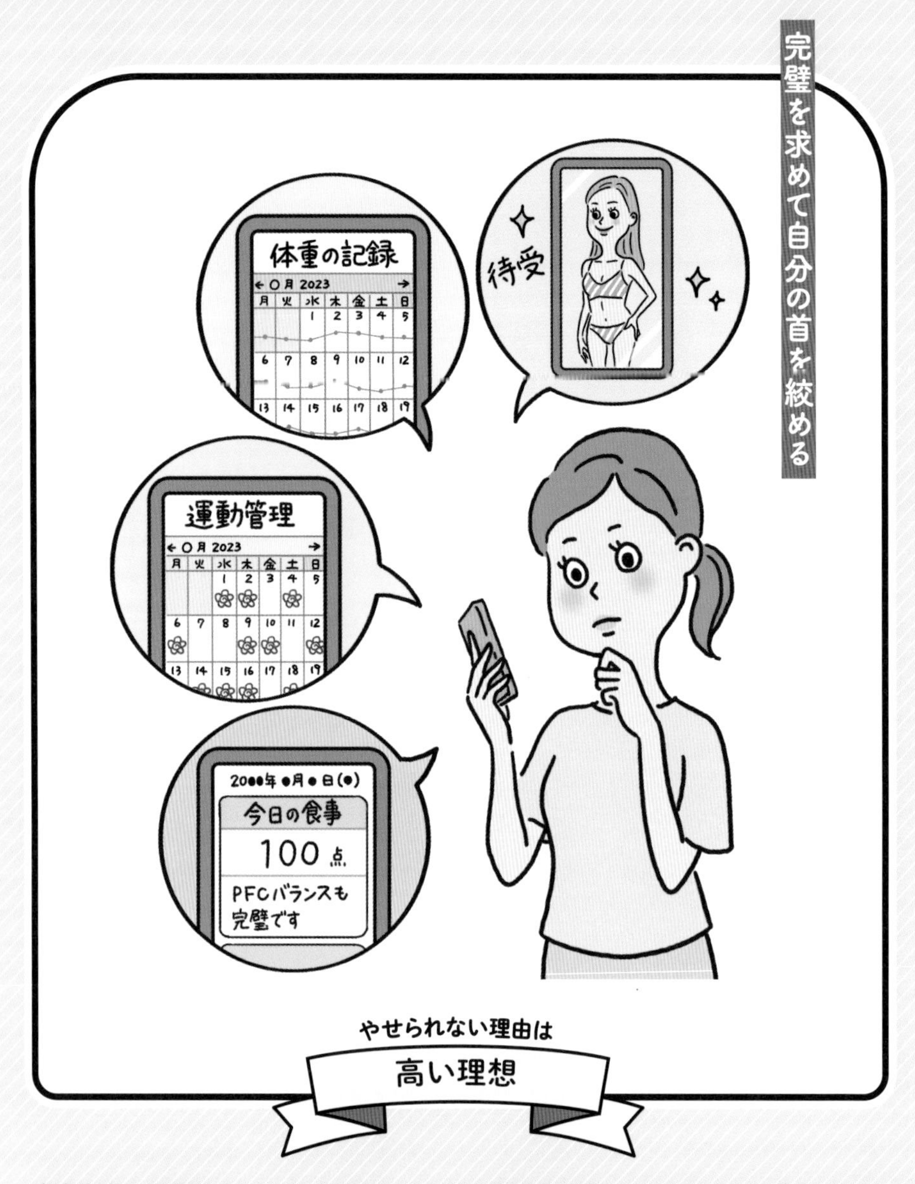

食事内容や運動量について、あまりにハードな目標設定をしていませんか。ダイエットは継続がなにより大切です。続けられない内容は挫折の元。完璧を求めすぎると、それを守れない自分を許せなくなるなどメンタルにも良くありません。

- 継続可能な小さな目標からでOK！
- 記録をつけることは◎だけど、固執しすぎないで

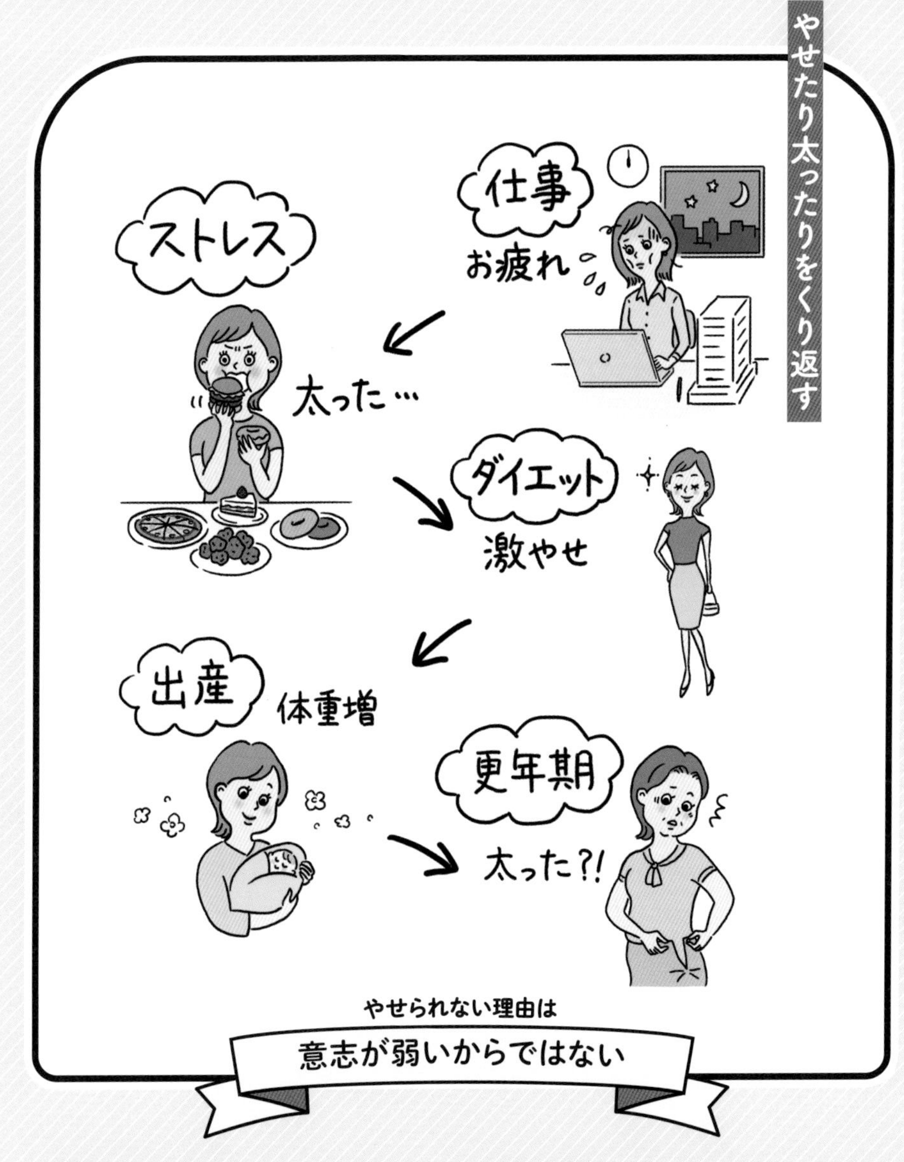

女性の体はホルモンバランスの変化により、体重が増減しやすいです。ライフステージが変わると影響を受けるのは仕方ありません。特に、産後や更年期に体重が増えるのは自然なこと。この本を手に取った時点で、その前向きな気持ちが素晴らしいのです!

- 太った自分を責めないで!
- 今できることからはじめてみましょう

Q

ユウトレさん
なぜ下腹がぽっこり出てしまうの？

インナーマッスルが衰えると、
代わりに背中の筋肉を
酷使して腰が反り返るから。

誰もが持っている天然のコルセット

お腹の一番奥にある筋肉の「インナーマッスル」は、天然のコルセットとも呼ばれています。衰えるとお腹を引き締めてくれるものがなくなり、下腹が出てしまうのです。**インナーマッスルは息を深く吐くことで鍛えられるので、やせブレスで強化**していきましょう!

ぽっこりお腹は太っているからじゃない

呼吸に直結している筋肉が、肋骨についている「横隔膜(おうかくまく)」。息を吸うことで横隔膜は下に、吐くことで上に動きます。息をしっかり吐けていない人は横隔膜、さらには近くにある内臓も一緒に下がり、ぽっこりお腹を作り出します。**脂肪ではなく、誤った呼吸が原因**なのです。

下腹やせで全身スリム化

お腹は体の中心に位置し、肋骨や骨盤ともつながっているので全身に大きな影響があります。インナーマッスルが使えていない=下腹が出ていると、下半身や上半身の筋肉もうまく使えず、**張り出した前もも、大きく広い背中、肩に埋もれた首などに悩まされることに**。下腹やせが叶うと実は全身が細くなります。

ユウトレさん「反り腰」ってなんですか？

全身の筋肉を『使えていない』体の状態です。

姿勢ファーストで考えよう

年齢を重ねるほど運動不足になりやすく、毎日の疲労で体の動きが鈍くなります。もともと背骨はS字カーブを描いているのですが、全身をバランスよく動かせない状態では、骨盤の位置が通常よりも前に傾きます。
骨盤と背骨はつながっているので、その傾きに合わせて背骨のカーブが大きくなり、反り腰に。この状態のまま筋トレや食事管理をしても、体を痛めたり、理想のスタイルにはなれなかったり。まずは姿勢改善が必須です！

反り腰と猫背はセット

腰が反ると体のバランスを保つために、背中が丸まり猫背の姿勢になります。まっすぐ正しい姿勢になろうとすると、今度は胸を張ってしまい、より腰が反る結果に……。この悪循環から抜け出すには、肩や腰だけでない根本的な改善が必要になります。

腰だけにアプローチしない

反り腰を改善するために腹筋トレーニングに励む人が多いですが、過剰に反ったままの腰は丸めにくく、無理が生じて痛みにつながりやすいので逆効果。さらに、日常生活は1つの筋肉ではなく、全身を使っています。背中、お腹、お尻、内ももなど、まんべんなくアプローチすること、全身を動かせるようになることが反り腰改善の近道なのです！

Q

ユウトレさん
「やせブレス」ってなんですか？

呼吸を味方につけることで、
体の内面から外見まで
若返らせるメソッドです。

呼吸を正せば今より華奢に！

正しく呼吸ができていないとインナーマッスルが機能せず、「反り腰」になってしまいます。この反り腰こそが、下腹がぽっこり出てしまう原因。それだけではありません。張り出した前もも、大きく広い背中、肩に埋もれた首など、これらは全て悪い姿勢が作り出すもの。呼吸を正せば姿勢が改善し、体つきも変わります！

多くの人が息を吸いすぎている！

現代人は「呼吸が浅い」とよくいわれますが、これは息をしっかり吐き切ることができず、その分たくさん吸っていることで起こります。
吸いすぎると首や肩に力が入り、肩を上下させるような呼吸の仕方になり、常に体の疲労が溜まってしまうのです。吸う量・吐く量を等しくするために、呼吸の意識改革を行いましょう！

穏やかな鼻呼吸が目標

長いマスク生活で、口呼吸がクセになっている人が増えていますが、本来の呼吸は「鼻呼吸」。鼻には、異物や外気を直接体に取り込まないようにする、防御システムがたくさん備わっています。一方、口呼吸は感染症のリスクも高くあまりに無防備です。鼻からゆっくりとした呼吸を、意識せずにできるようになるのが目標です。

Q

ユウトレさん
ダイエットが続かないんです……

頑張りすぎていませんか？
ダイエットは自分らしく。
健康第一なので
無理はしないで！

体重の数字にとらわれない

体重はあくまで「目安」。それよりも、体の動かしやすさ、見た目や洋服のサイズ感など、実感できる変化のほうに目を向けてみませんか。日々の数字の増減についつい一喜一憂してしまいますが、昨日より0.5kg増えたとしても、それは胃の内容物や水分です。特に気にする必要はありません。それでダイエットを中断してしまうほうがもったいないです！

少しずつステップUP

ある日突然、運動習慣のない人が毎日何種目もこなして継続するのはかなり難しいことです。三日坊主といいますが、3日続いただけでもすごいこと。まずは、毎日ヨガマットを敷いてこの本を読んでみる。それが習慣化したら次に呼吸の練習をしてみる……など、ほんの少しのステップを積み重ねていくだけで花マル。スモールステップを踏むこと、それが習慣作りにつながります！

不健康なことはNG

ダイエット＝やみくもに体重を減らすことではありません。今より自分に自信を持つための過程です！　だからこそ、極端な食事制限で体を弱らせる、ハードな筋トレで体を痛める、イライラしてメンタルが不安定になることは、自分で自分を苦しめてしまうので好ましくありません。人それぞれ理想の体型はもちろん違いますので、自分にとってなにが最善かを追求していきましょう！

やせブレス

体験者のハナシ

自然と正しい姿勢に導かれ、とてもスムーズに体が整いました！

ふみちゃん（56歳・女性・171cm・64kg）

「やせブレス」で変わったこと

- 姿勢が良くなった
- 筋肉量と骨密度がUP
- 睡眠の質が良くなった
- 気分の浮き沈みがゆるやかになった
- 血圧が下がり脂肪肝が完治した
- 運動が楽しくなった！

ダイエットをはじめたきっかけは？

40代後半になり、体重が84kgくらいになって「さすがにヤバイ」と感じました。また、知り合いの結婚式に参列したとき、周囲からの「太ったね」という言葉にグサリ……。「見返してやりたい！」という気持ちと、健康のことやこれからのことを考え、ダイエットを決意しました。

なぜ「やせブレス」を選んだの？

以前から、ユウトレさんがSNSで「呼吸の大切さ」について発信しているのを目にしていて、今まで目を背けていたけれど、これを機会に自分も変わりたいという思いが強くなり、チャレンジしてみようと思いました。

はじめて「やせブレス」をやった後は？

体がポカポカして頭がスッキリするのを実感し、その日は寝つきも良かったです。「これは続けていけば体が変わるかも？」と思い、疲れにくい体を目指して頑張ってみようと思いました。

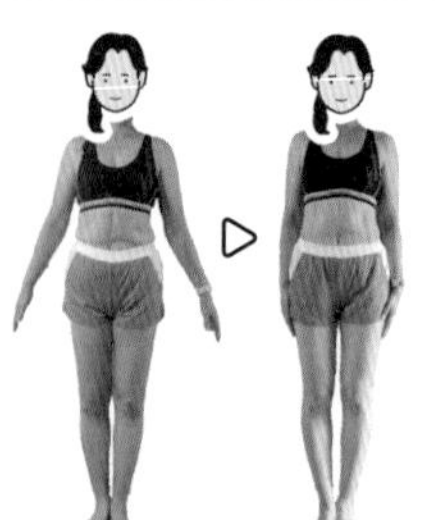

大きな変化はいつ頃から？

3カ月くらい継続していくうちに、「あれ？ 何か違うかも」と思いました。体が疲れにくくなったり、歩く動作が楽になったりしました。
目に見えて変化を実感したのは、半年たった頃。コツコツ継続していくうちに、鏡に映る姿勢が明らかに改善され体の厚みが変わりました。

まさか本に
載るとは思わず…
ノーメイクなので
ごめんなさい～

どのような変化があった？

○ 呼吸の状態（P.42）
最初は短く、ストレスや周りの環境もあってなかなか長くなりませんでした。しかし、根気強くやっていくうちに少しずつ長くなっていき、自分に少しだけ自信がついた気がしました。

○ 体の変化
病院外来の運動教室、有酸素やマシーントレーニング、糖質制限を併用したパーソナルジム、食事管理などいろんなものにチャレンジして体重を落としましたが、結局継続できたのは「やせブレス」でした。ユウトレさんや仲間に励まされながら続けた結果、ウエストは78cm→74cmになりました。体重は年に1kgペースとゆっくりですが、それよりも体幹がしっかり使えている感覚や、日常生活で体を楽に使えるようになった実感が大きいです。

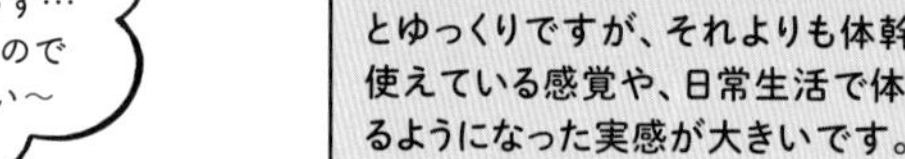

Part 1

ブレス
&
脱力練習

「やせブレス」で細見えが叶う
メカニズムを解説します。
呼吸が整えば「反り腰」が改善し、
今よりひと回り細い体も夢じゃありません！

やせブレス
理論編

その「ぽっこりお腹」反り腰が原因かも?!

このぽっこり出た下腹をなんとかしたい。そう思ったとき、今までどんな方法を試してきましたか?

ある人は腹筋を頑張ったり、ランニングに挑戦してみたり、食事制限をしてみたり……。しかし、なかなか効果が出ない、思ったようにお腹がスッキリしないという声をよく耳にします。実は、なかなか改善しない「ぽっこりお腹」は、呼吸のしかた、そして反り腰に原因があることがあります。

反り腰は、腰が過剰に反り、そこに負担が集中している状態。その負担を分散させようと、他の筋肉も頑張りすぎてしまい、**腰痛、下腹ぽっこり、下半身太り、背中の張り**など、好ましくない体の変化が起こります。今までどんなにダイエットを頑張っても変わらなかったのは、反り腰のせいだったのかもしれません。

反り腰でぽっこりお腹、足が太くなりやすい人の特徴

- ☑ すぐ息が上がる
- ☑ 肋骨が開いている
- ☑ 胸で息を吸うのが苦手
- ☑ 日常生活で腰のあたりが張る
- ☑ 自然と重心がつま先 or かかとにのる
- ☑ 息を10秒間吐いた後、10秒間止められない
- ☑ 足を上げ下げする腹筋運動でももが痛くなる

筋金入りの反り腰さんが「最初」にやること

1 [やせブレス]

呼吸を整え、息を吐いて腹筋をお腹全体に感じられるようになること。自然と腹筋を使えるようになれば、ぽっこりお腹もスッキリ!

2 [健康的な食事・運動習慣]

栄養バランスの取れた食事にチェンジ。さらに、階段を使う、ウォーキングをするなど、日常生活で動くことを意識しましょう!

3 [良質な睡眠]

慢性疲労は体に大ダメージ。さらに、睡眠不足は代謝が悪くなって消費エネルギーが低下し、食欲を高めるホルモンが分泌されるなどダイエットの天敵!
おすすめは、寝る前にスプーン1杯分のハチミツを摂取すること。睡眠中は低血糖になり、眠りが浅くなりがちです。ハチミツは血糖値をゆるやかに上げ、睡眠の質をアップさせてくれます。

反り腰予備軍・反り腰さんの特徴

❶ 眠りが浅い

❷ 口呼吸が多い

❸ よく喉が乾燥する

❹ よくため息をつく

❺ 舌が上あごについていない

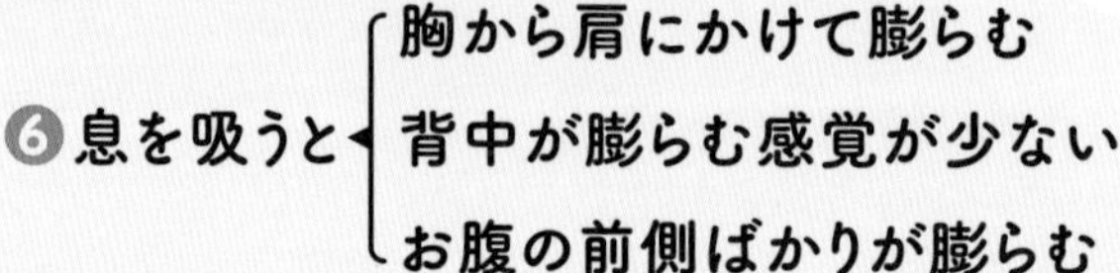

❻ 息を吸うと
- 胸から肩にかけて膨らむ
- 背中が膨らむ感覚が少ない
- お腹の前側ばかりが膨らむ

3つ以上あてはまる人は注意！

反り腰を解消すれば、お腹のたるみは減り、前ももの張りはスッキリします。そして、体は今よりひと回り以上細くなることも可能です。しかし、反り腰改善のために腹筋運動やストレッチを試しても、思った以上に体が変わらなかった……という人がほとんど。それどころか、腹筋をして首や腰を痛めてしまうケースもあります。

反り腰の原因の多くは、呼吸の浅さや普段の歩き方、姿勢の悪さによるものです。歩き方や姿勢が悪いと反り腰になるだけでなく、腰痛や肩こり、頭痛、慢性的な疲労感など、体にさまざまな悪影響が出てしまいます。

反り腰を解消するには、「腰」にアプローチをするのではなく、普段の体の動かし方を変えなくてはいけません。頑張りすぎていた筋肉を休め、眠っていた筋肉を使えるようにする必要があります。つまり、全身の筋肉へのアプローチが必要なのです。

反り腰＝全身の筋肉を「使えていない体」

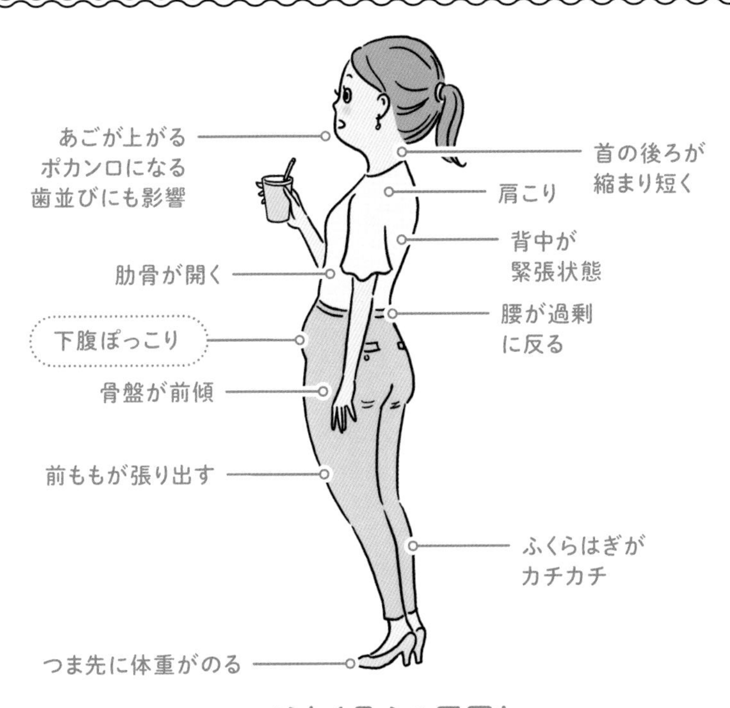

コレが太く見える原因！

正しい姿勢を保つための筋肉→お休み状態
体が太く見える筋肉→頑張りすぎ

コレも反り腰です！

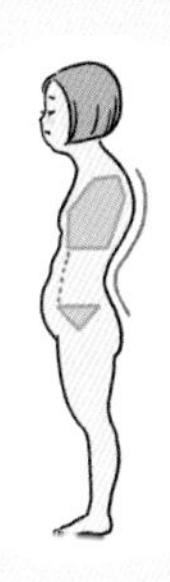

猫背も反り腰の一種です。腰の反りが強いため、バランスを取るために背中を丸めて「猫背の姿勢」になってしまいます。この状態から良い姿勢をとらないと！　と胸を張る人が多く、腰がさらに反り上がってしまう悪循環に陥ることも。

反り腰姿勢は「呼吸」と深く関係している

私たちは1日に約3万回の呼吸をしています。息を吸うことで空気中の酸素を肺に取り込み、息を吐くことで体内で作られた二酸化炭素を排出する「ガス交換」を行っています。そのときに使われるのが「呼吸筋」です。

肺には筋肉がないので、自ら膨らんだり縮んだりすることができません。その代わりに、肺を取り囲む骨と筋肉で作られた胸郭（きょうかく）の動きにより呼吸をしています。呼吸筋は首、鎖骨、胸、背中に存在しますが、中でも**代表的なのが胸郭の底にある「横隔膜（おうかくまく）」です。**息を吸うと胸部が広がって横隔膜が下がり（収縮）、息を吐くと胸部が縮んで横隔膜が上がり（ゆるみ）ます。

反り腰の姿勢は、首、胸、お腹、背中のどこかを**圧迫してしまうため、呼吸筋の動きを邪魔してしまいます。**しっかり空気を吸ったり吐いたりできなくなった結果、浅い呼吸をくり返すことになるのです。

呼吸にかかわる「呼吸筋」

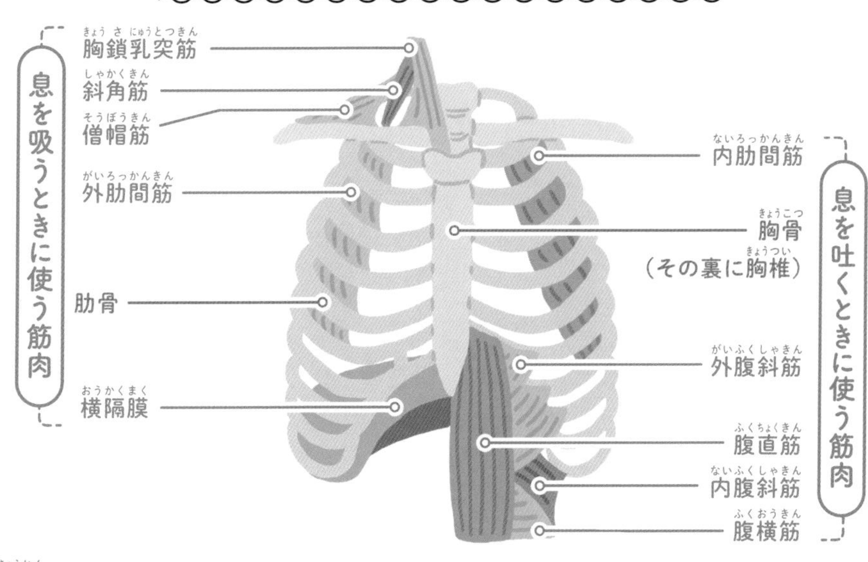

胸郭を構成する骨……胸の部分をおおう、肋骨、胸骨、胸椎で構成される、カゴ状の骨格。

反り腰・猫背の体勢は、
胸、お腹、背中が圧迫されて、胸郭の動きが制限されてしまう
→呼吸回数を増やしてガス交換しないといけない
||
浅い呼吸になる

呼吸機能を改善するメリット

- 睡眠の質が向上
- 疲労回復
- 頭痛やめまいが軽減
- 筋肉の緊張が緩和
- バランス機能がアップ
- 体の動きが良くなる
- 精神的安定
- 表情、姿勢が変化

「やせブレス」で体を生き返らせる

呼吸は感情によって変化します。びっくりすると息を呑んで呼吸が止まり、不安になると息が苦しく、なにかに集中すると呼吸が少なくなり、リラックスしているときは深くゆったりとします。反対に、**呼吸から感情にアプローチすることもできます**。緊張したとき、深呼吸をして心を落ち着かせようとしたことはありませんか。私たちは無意識に、呼吸と感情の関わりを知っているのです。

　やせブレスとは、深い呼吸で体の内面（メンタル）から外面（筋肉など）まで生き返らせるメソッドです。心と体にかかるストレスが多い現代人は、どうしても呼吸が速く浅くなります。**ゆっくりとした呼吸**で、さらに**吸うよりも吐くことを意識し、緊張を和らげて体のストレスを軽減**しましょう。

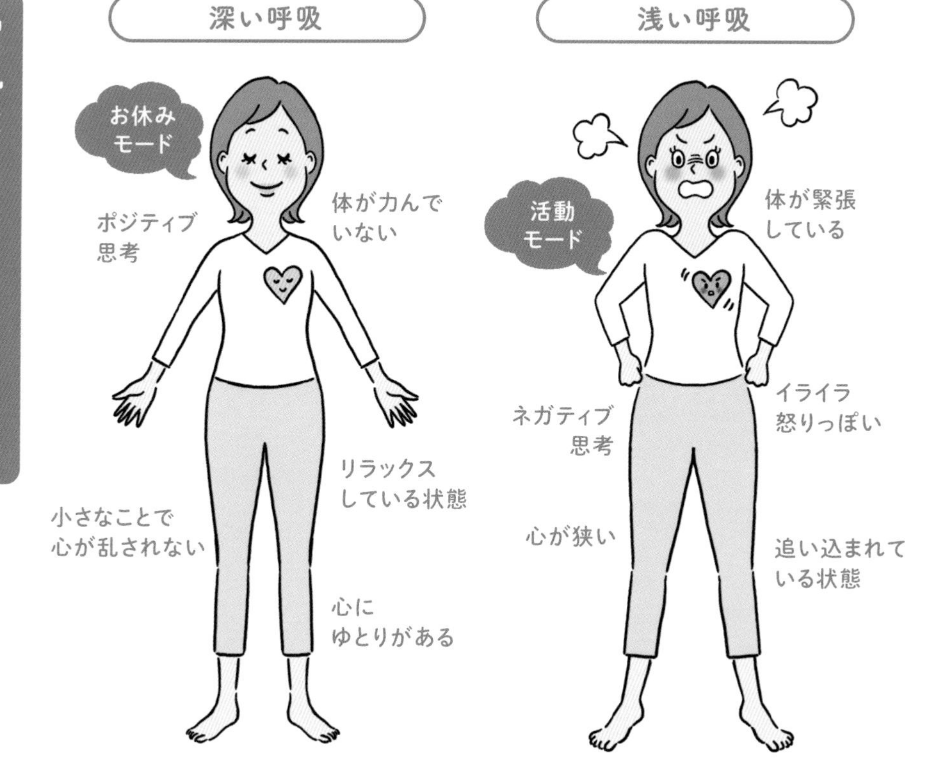

やせブレスで生まれ変わる体

- 下腹ぽっこりが解消
- 慢性的な腰の疲労感が改善
- お通じが良くなる
- 全身のだるさが軽減
- 柔軟性が高まる
- 目覚めが良くなる
- 集中力がアップ
- 表情が穏やかになる
- 美姿勢に近づく

内面（メンタル）と外面（筋肉など）の変化を期待できる

「やせブレス」でなぜ反り腰が改善するの？

深い呼吸がなぜ反り腰改善につながるのか、不思議に思うかもしれません。簡単にいうと、「ブレスと姿勢が直結しているから」です。

現代人の多くは呼吸が浅く、しっかりと息を吐き切れていません。そうすると、お腹の筋肉が使われにくくなり、代わりに腰で体を支えて立つような反り腰姿勢に。しかし、息をしっかり吐けるようになると、**横隔膜が上昇して骨盤底筋も引き上がります**。同時に肋骨が締まり、**インナーマッスル（内腹斜筋・腹横筋）が自然と使われるのです。**

呼吸にアプローチすることで、反り腰で酷使していた背面の筋肉が抑えられ、正しい姿勢になります。これがやせブレスによる反り腰改善のメカニズムです。

ぽっこりお腹になる姿勢

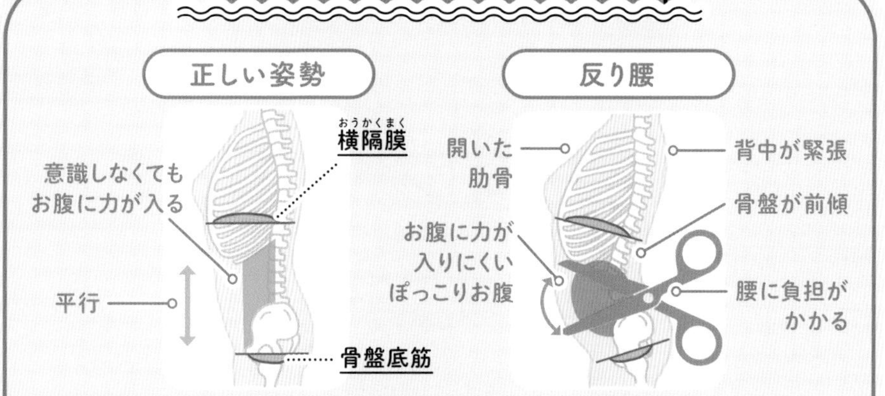

反り腰は立った状態で横から見ると、肋骨が開き骨盤は前に倒れています。肋骨についている「横隔膜」と骨盤の下部にある「骨盤底筋」の関係が斜めになり、まるでハサミの刃が開いているような様子から、これを「オープンシザースシンドローム」と呼んでいます。この姿勢は下腹部に力が入りにくく、不安定な状態です。

横隔膜と骨盤底筋は平行な位置関係が理想！

呼吸と筋肉の関係

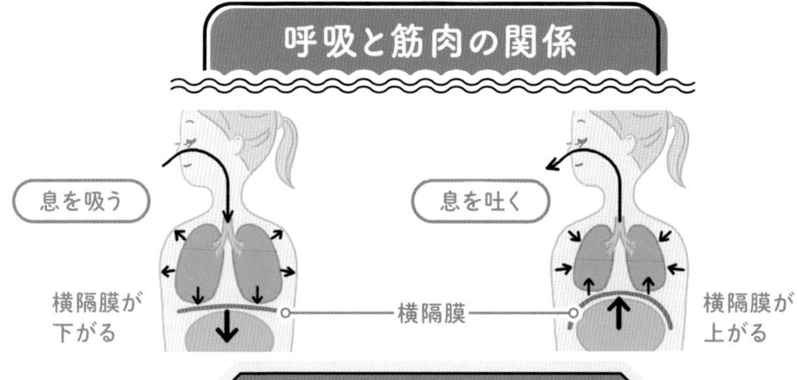

息を吐いた「つもり」かも?!

息を吐いたとき、肋骨を自分の両手で包むように押さえてみましょう。肋骨が通常よりも下に動いていれば、息を吐けている証拠です。肋骨が下がると、肋骨についている横隔膜も連動して下がります。息を吐く感覚が分からない人は、この方法で確認してみましょう。

それでも肋骨の動きが分からない場合は、仰向けに寝転がり、腰を床にペターッとつけてください。腰が反っていない正しい姿勢になり、肋骨の動きが分かりやすくなります。

やせブレス
理論編

「やせブレス」でなぜやせられるの？

下腹がぽっこりしている人のほとんどは、骨盤が通常よりも前に傾いています。骨盤とつながっている背骨は前に引っ張られて反り、背骨についている肋骨は上向きに開くようになります。

すると、肋骨と結びついている横隔膜は引き伸ばされて、通常よりも位置が下がり、横隔膜とお腹部分の内臓との距離が近くなります。内臓を風船とイメージすると、**下がってくる横隔膜に上から押しつぶされる分、お腹が出てしまいます。これが下腹ぽっこりの原因**です。

やせブレスは、深い呼吸で姿勢を改善し、横隔膜にアプローチします。肋骨が締まり下腹がスッキリすることで、今よりスリムな体を手に入れることができます。キツいトレーニングで脂肪を減らさなくても、**姿勢が整うだけでウエストマイナス5㎝も可能**です。

悪い姿勢のまま日常生活を送ると……

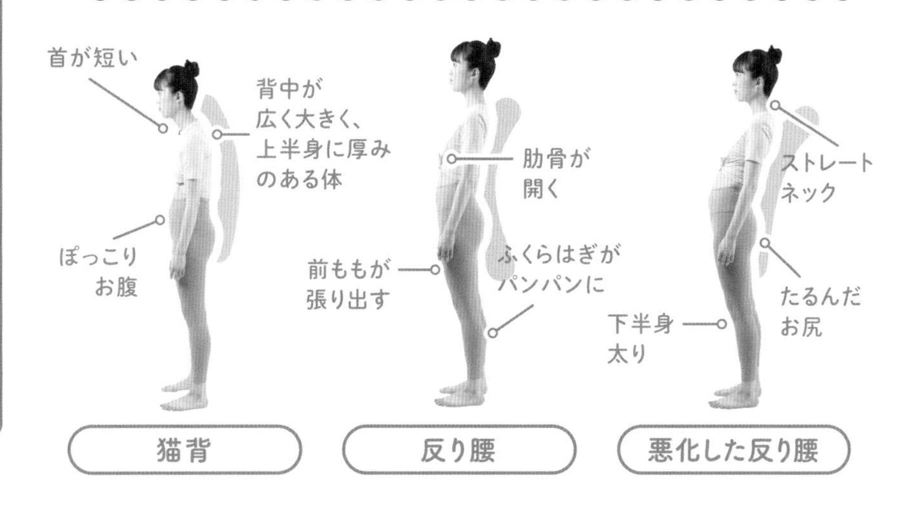

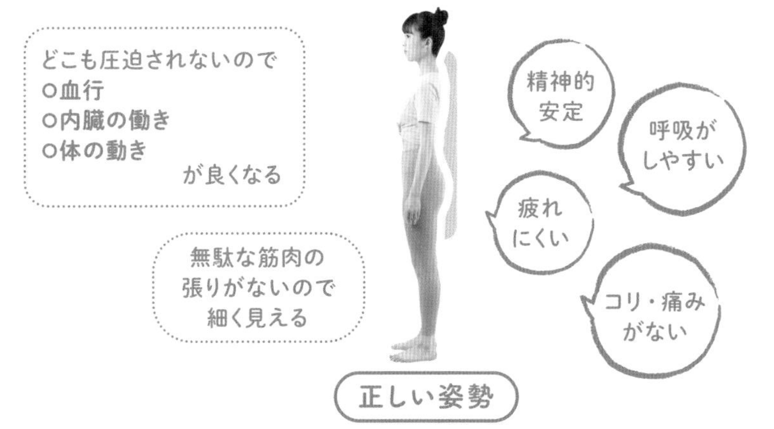

体重はそのままでも、やせ見えが叶う!

必要なのはダイエット? 姿勢改善?

悪い姿勢のままハードなトレーニングをしてもケガの元に。まずは姿勢を整えることからはじめてみましょう。体重を減らすには食事の見直しが不可欠です! やせブレスと一緒に食事を改善すれば、無敵です。

▶食事についてはPart3を参照

やせブレス
理論編

「やせブレス」ってどうやるの？

いよいよ、やせブレスに取り組んでいきましょう！　というと、「よしやるぞ！」と気合が入るかもしれませんが、Ｐａｒｔ１のブレス&脱力練習では、**まず体の力みを抜くことからスタートします**。

反り腰さんは姿勢を保つために、背面や前もも、ふくらはぎなどを酷使しています。これは、正しい姿勢なら頑張らなくていい筋肉たちです。まずはその**力みをゆるめてあげ、体を解放してあげましょう**。やせブレスに頑張りは必要ありません。リラックスすることが大切です。

反り腰を改善するために、仰向けや四つ這いなどさまざまな体勢になりながら、呼吸に焦点を当て骨格を整えていきます。

やせブレスの流れ

1日1分

Part1 ブレス＆脱力練習

10の動き

〔はじめに〕……全ての基礎
〔1st ステップ〕……今の体の状態を知る
〔脱力練習〕……脱力状態を体に覚えさせる
力まずに体を動かす
〔呼吸練習〕……鼻呼吸で体を動かす

まずは練習から
スタートだよ〜

呼吸と脱力のコツを掴んできたら…

1日1分

Part2 ブレス＆エクサイズ

4週間プログラム

- 腰が反らないように、力まずに動く
- 背骨を1つずつ動かして背中の深部の筋肉を使う
- 歩行に欠かせない股関節の動きを身につける
- 胸郭（きょうかく）、肩甲骨のエクサイズで誤った姿勢を修正する
- 全身をつなげて、日常生活で負担の少ない体の動かし方を学ぶ

Part1「ブレス＆脱力練習」に慣れてきたら
Part2「ブレス＆エクササイズ」に進みましょう！

Part2の4週間プログラムをスタートした後も、Part1の呼吸練習を合わせて行うとより効果的です。毎日1種目だけなど、できる範囲でOK！ エクササイズで変わっていく体を、実感することができます。

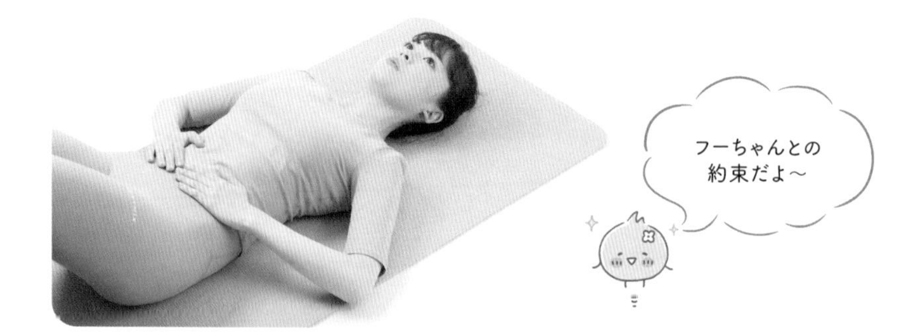

やせブレス　呼吸の約束

- 基本は鼻呼吸
  （鼻から吸って、鼻から吐く）
- 息を吐き切ること
- 音を立てて息を吸わないこと
- 吐いた空気の量より多く
  空気を吸わないこと

空気には意思がない

ストレッチやエクササイズをやっていて、「胸やお腹に空気を入れて」などといわれたことはありませんか。しかし、空気を自分の思った通りに入れることは難しいです。

空気は、圧がかかっていないところに流れる性質があります。反り腰や巻き肩の人は背中や胸がガチガチで、圧がかかっている状態です。その分、圧のかかっていないお腹に空気が集中します。本来、背中・お腹・胸で呼吸をすべきなので、偏りが生まれてしまうのです。

多くの人はお腹中心で呼吸をしてしまっているので、背中や胸にも意識を向け、バランスの良いブレスを心がけましょう。

やせブレスはどのくらいで効果がある?

直後から体の変化が!

呼吸練習・エクササイズともに、終わった直後から多くの人が体の変化を感じています。
体だけでなく、鼻づまりが解消した、頭がスッキリする、視界が広く感じるなどといった声も聞きます。

写真を撮ったり
同じ服を着たりすると
変化が分かりやすいよ～
楽しみだね～!

大きな変化は3カ月が目安

体が「確実に変化した」と実感するには、約3カ月かかります。「ちょっと長い…」と思うかもしれませんが、数十年間積み重なった体の使い方のクセにアプローチするため、少しだけ時間をください。2週間程度続けると、少し下腹がスッキリした、太ももの張りが減ってきたなどと感じる人もいるようです。

「呼吸の状態」を確認してみよう！

1 鼻から息を静かに少しだけ吸い、口から少しだけ息を吐く。

2 鼻を軽く押さえて、息を止める。

＼スタート！／

明確に「息を吸いたい！」と感じるまでの秒数をカウント！

動画でチェック！ ➡

NG
吸って〜！
思いっきり息を吸ったり、
呼吸が乱れたり
するようなら頑張りすぎ
目標
1回 20秒以上
定期的にやると
呼吸の変化が分かるよ〜！
目指せ疲れにくい体〜！

我慢してテスト前よりも吸う息が大きくなるのはNGです。

3 指を離して鼻で呼吸をする。

「息を吸いたい」と思ったら
指を離して通常の鼻呼吸に戻します

「息を吸いたい！」と感じるまでの時間が

10秒未満……日常生活で息切れがよくある。日々お疲れ気味。
20秒未満……日常生活で息切れがある。疲れやすい日と疲れにくい日の差が大きい。
20〜40秒……標準。
40秒以上……疲れにくく、常に元気。

楽に呼吸できる時間を計って、今の呼吸の状態をチェックしてみましょう。

このとき大切なのは、呼吸をしていると感じないくらいの、隣の人はもちろん自分自身にも聞き取れないような呼吸です。「ズーッ」と鼻の奥を鳴らすような強い呼吸をする人がいますが、これは体が力んでしまっているので良くありません。

やせブレスにチャレンジ中、定期的にテストしてみると呼吸の時間がどんどん長くなり、体の変化を感じることができます。

バランス感覚のチェック

ちゃんと立ててる？

やせブレス
実践編
1stステップ

▽
1

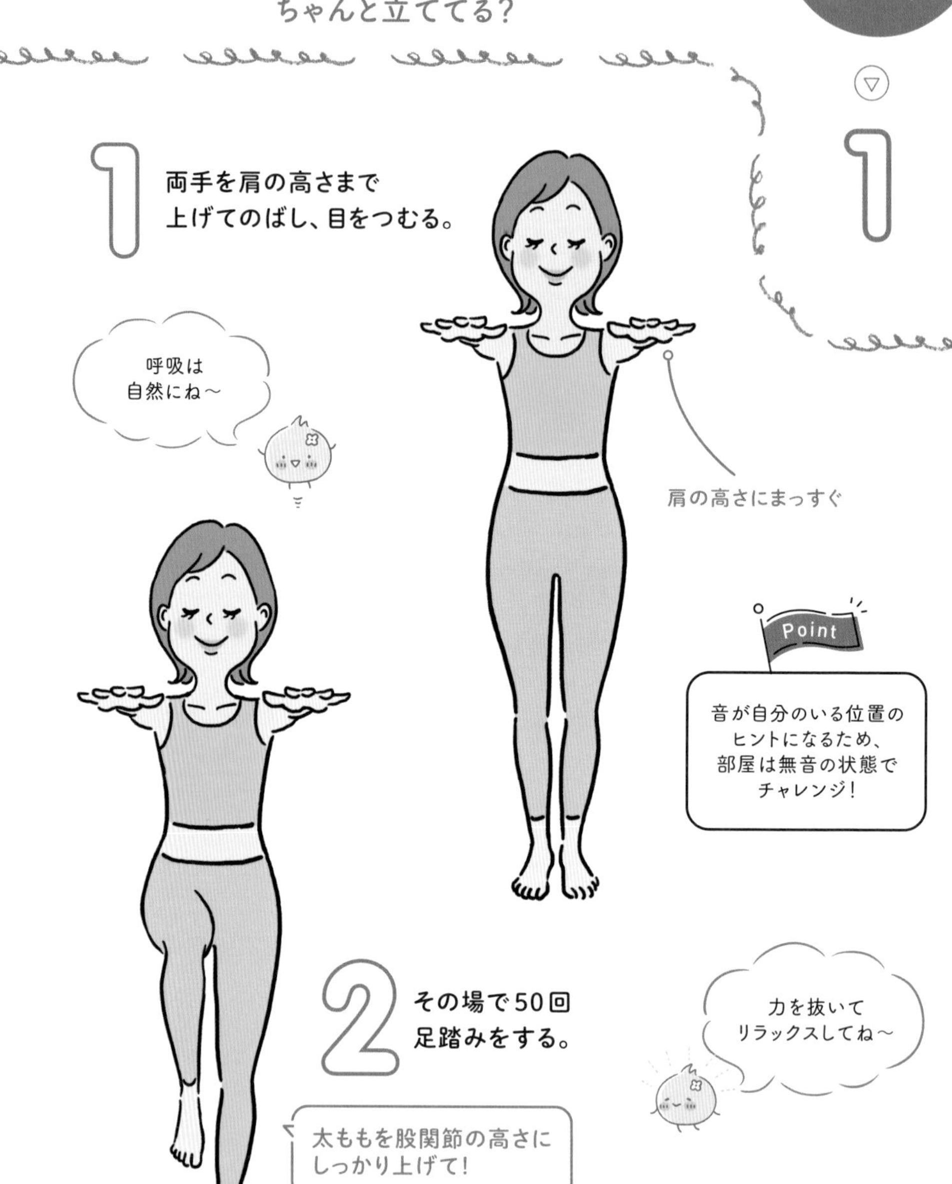

動画でチェック！ ➡

目標

スタート位置から動かない!

3 目を開けて立ち位置をチェック。

Check

「どっちに回った?」

左右どちらかに45度以上回転してしまった人は、その向きの体のバランス機能が良くありません。P.46「目の運動」を重点的に行うのがおすすめです。
左側に回転した人は右へ、右側に回転した人は左への動きをメインにやりましょう! 慣れた後にもう一度「バランス感覚のチェック」を行うと、良い変化を感じることができます。

Check

体が大きく揺れたり足が動いたりした人は、体のバランス感覚が弱くなっている可能性があります。P.52「頭ゴロゴロ」の前後にやると、変化が分かりやすいですよ!

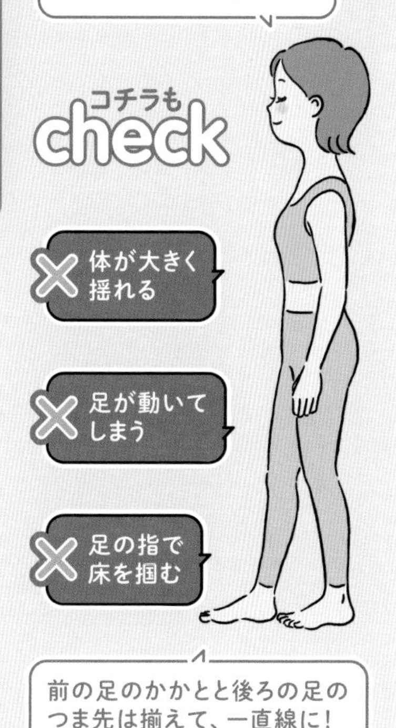

子どもの頃に培われたバランス感覚は、年齢を重ねるとともに衰えていきます。バランス感覚のカギとなるのが耳の奥にある「三半規管」。3つの半規管から成り立ち、平衡感覚を司っています。

目は三半規管に密接に関係しているため、スマホやパソコンなどで普段から使いすぎると機能が低下します。疲れやすい体になり、日中の眠気を引き起こしたり、乗り物酔いに悩まされたりすることが多くなります。

目の運動

疲れやすい目からの脱却

やせブレス
実践編
1stステップ
▽
2

ペンは目の高さでキープ

1 右手でペンを持ち、まっすぐ前にのばす。

目だけで
追えるかな～
呼吸は自然にね～

2 手を右斜め前にのばし、ペン先を目で追いかける。

動画でチェック!

目標
1分 ▷ 左右各6回
終えた後に「バランス感覚のチェック」(P.44)をもう一度行うのがおすすめ!

Check
「平衡感覚を鍛えるとめまいも解消」
この動きは「良性発作性頭位めまい症」のリハビリにも用いられています。動くものを目だけで追うという一見地味な動きですが、平衡感覚を鍛える効果があります。しかし、めまいの種類によってはこの動きでかえって悪化するケースもあります。心配なことがあれば、めまい治療を専門とする耳鼻咽喉科の受診をおすすめします。

3 手を右斜め前からサッと正面に戻す。ゆっくりと右斜め前に戻し、また正面に戻す。これをくり返す。左側も同様に。

スマホやパソコンの強く明るい画面を見続けていると、頭と視点が固定され、目が疲れます。その疲れは全身に影響し、慢性的な疲労感、肩や首、背中の張りなどの原因にもなりかねません。
この動きは、「バランス感覚のチェック」（P44）とセット。そのチェックをもとに目の動きの左右、どちらを重点的にすればいいか分かります。頭と視点を意識して動かすことで三半規管(さんはんきかん)の機能が高められ、バランス感覚が養われます。

グーパーダウン

無駄な緊張から体を解放！

やせブレス
実践編
脱力練習

▽
1

1 仰向けになって、ひざを立てる。

2 両手を100％の力で握る。

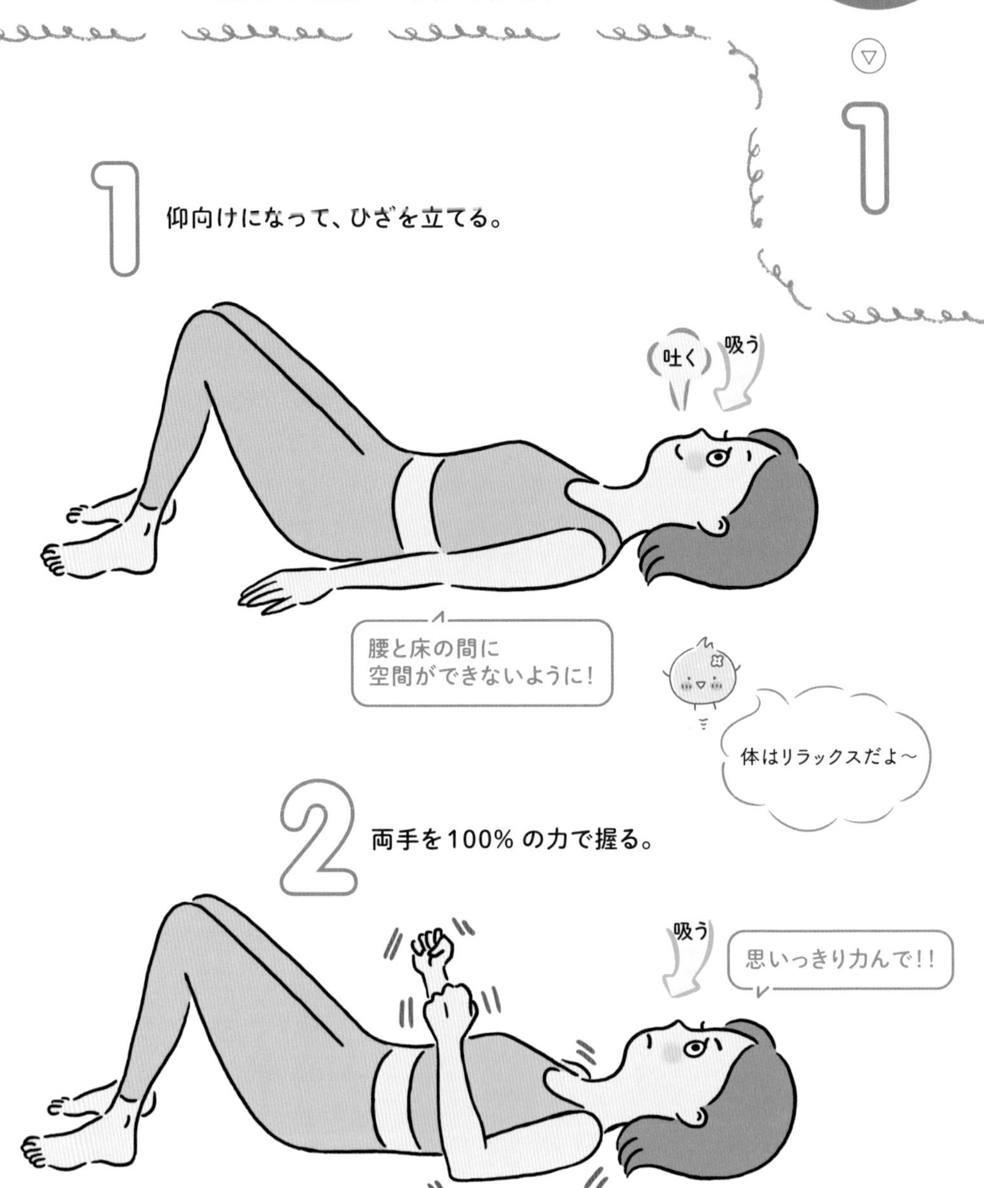

動画でチェック！ ➡

Level UP

両手を脱力させることに慣れてきたら、今度は「片手だけで力を100%入れる→脱力」をくり返しましょう!
片手でも力をコントロールできるようになると、体が無意識に力のバランスを取ってくれるようになります。最小限のエネルギーで生活できる「体の省エネ化」が実現し、疲れにくい元気な体に!

3 完全に脱力する。

緊張と脱力をくり返して、体に力みのない姿勢を覚えさせる!

呼吸が浅いと、頻繁に息を吸ったり吐いたりするため、体が力みやすくなります。例えば、長距離を走り終わった後をイメージしてください。浅い呼吸をくり返しながら、肩を上下させるあの光景です。
日常的に呼吸が浅いと、「無意識のうちに」全身が緊張状態になっています。そこで、あえて100%のパワーで力む↔完全に力を抜くことをくり返して、緊張と脱力の状態を体に「意識」させます。意識してできることは自然とできるようになるので、肩こりや噛みしめ、日々の疲れなどの改善にもなり、力みのない体に近づきます。

グーパースイッチ

脱力を左右でコントロール！

やせブレス
実践編
脱力練習

▽
2

1 仰向けになって、ひざを立てる。

腰と床の間に
空間ができないように！

吐く
吸う

肩の力は抜いてね～

2 左手を100% の力で握り、右手は脱力したまま。

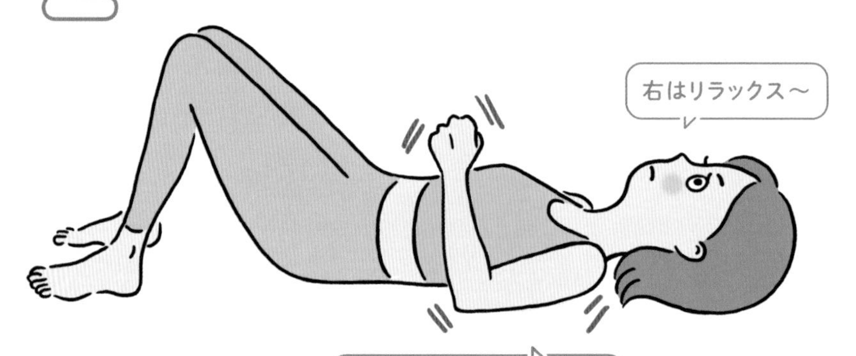

動画でチェック！ ➡

ゆっくり力を入れる、
ゆっくり力を抜くのがポイント。
急にギュッと握ったりバタッと
脱力したりするのではなく、
丁寧に動かすことが大切。

力加減を10段階で表すと、
最大10から徐々に
下げていき最小1に。

3 左手をゆっくり脱力させる。入れ違いに右手を10の力で握る。交互にくり返す。

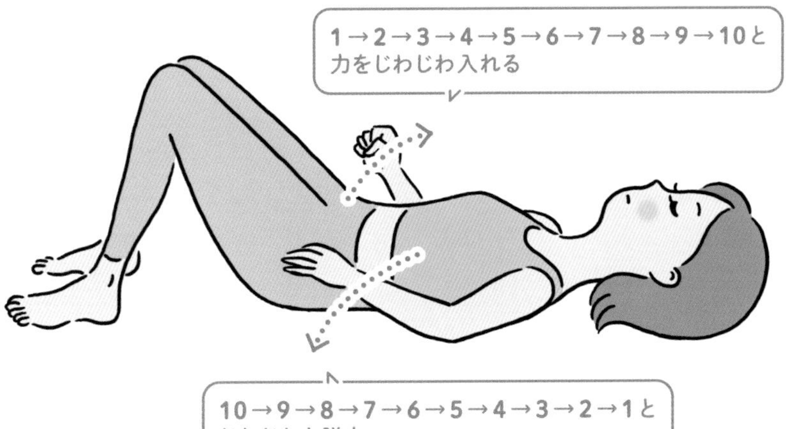

「グーパーダウン」（P48）の動きに慣れてきたら、今度はレベルアップ！「ダウン」との違いは、①脱力を左右でコントロールすること、②力加減の強弱をゆるやかにすることです。

①は日常生活に活きます。当たり前のことですが、普段私たちは左右非対称の動きをすることが多いためです。

②は全力か脱力かの二択ではなく、その間の繊細な力加減の段階を踏むことで動きの難易度が上がります。

「グーパーダウン」が習得できたら、この動きでハードルを上げて効果倍増を狙いましょう。

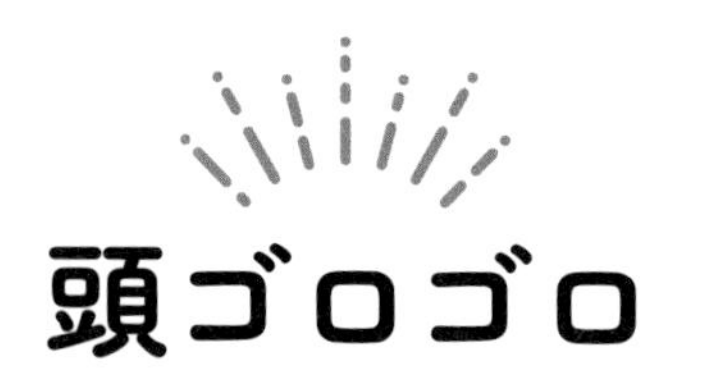

頭ゴロゴロ

簡単な動きだけど体が整う！

やせブレス
実践編
脱力練習
▽
3

1 仰向けになり、目をつむる。

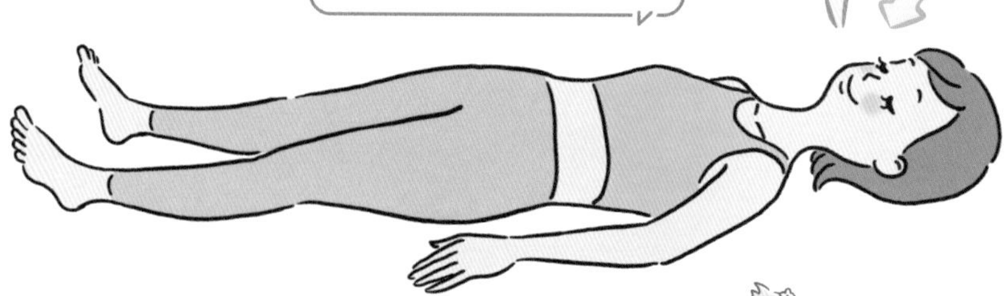

慣れてきたら、
腰が反らないように
気をつけてね～

反り腰さんのハナシ

反り腰の人は、三半規管などのバランス感覚を保つ機能が衰えていることが多く、外を歩いているとなにもないところでつまずいたり、足がもつれたりすることがあります。さらに、外を歩くと地面には石があったり、段差があったり、道も平らではなく斜めになっていたり……と、意外と足元は不安定な状態です。
そんなときに働くのが、三半規管です。ここを鍛えることでつまずきや転倒が減ります。また、しなやかに歩くことができれば、下半身の筋肉がまんべんなく使われるので足やせも叶います。意識してトレーニングに取り入れてみましょう！

動画でチェック！➡ 

Level UP

この動きが楽にできる人は、四つ這い→座りながら→立った状態→プランクをしながらなど、いろんな姿勢で目をつむって頭を動かしてみましょう！　この順にチャレンジしていくと、難易度が少しずつ上がり、三半規管の機能が高まります。

目標
1分 ▷ ゆっくり往復10回

2 頭を左右にゆっくりと振る。

目をつむったまま、ゆっくり頭を左右にゴロゴロ動かす
吐く
吸う
首が痛くなったら無理はしないで
目をつむって気持ちが悪くなるときは、開けてOK！

普段の生活で、頭だけをゴロゴロと動かすことはほとんどないと思います。慣れない動きで気持ちが悪くなることがあるかもしれませんが、それは三半規管（さんはんきかん）の弱さが原因です。無理をしない程度にくり返すことで、鍛えられます。

歩いているときにつまずくことが減ったり、めまい、立ちくらみが落ち着いたり、乗り物酔いが軽くなったりするでしょう。ただし、めまいは原因によって改善方法が違いますので、心配な人はめまい治療を専門とする耳鼻咽喉科の受診をおすすめします。

バナナロール

赤ちゃんのようにゆっくり寝返り！

やせブレス
実践編
脱力練習
▽
4

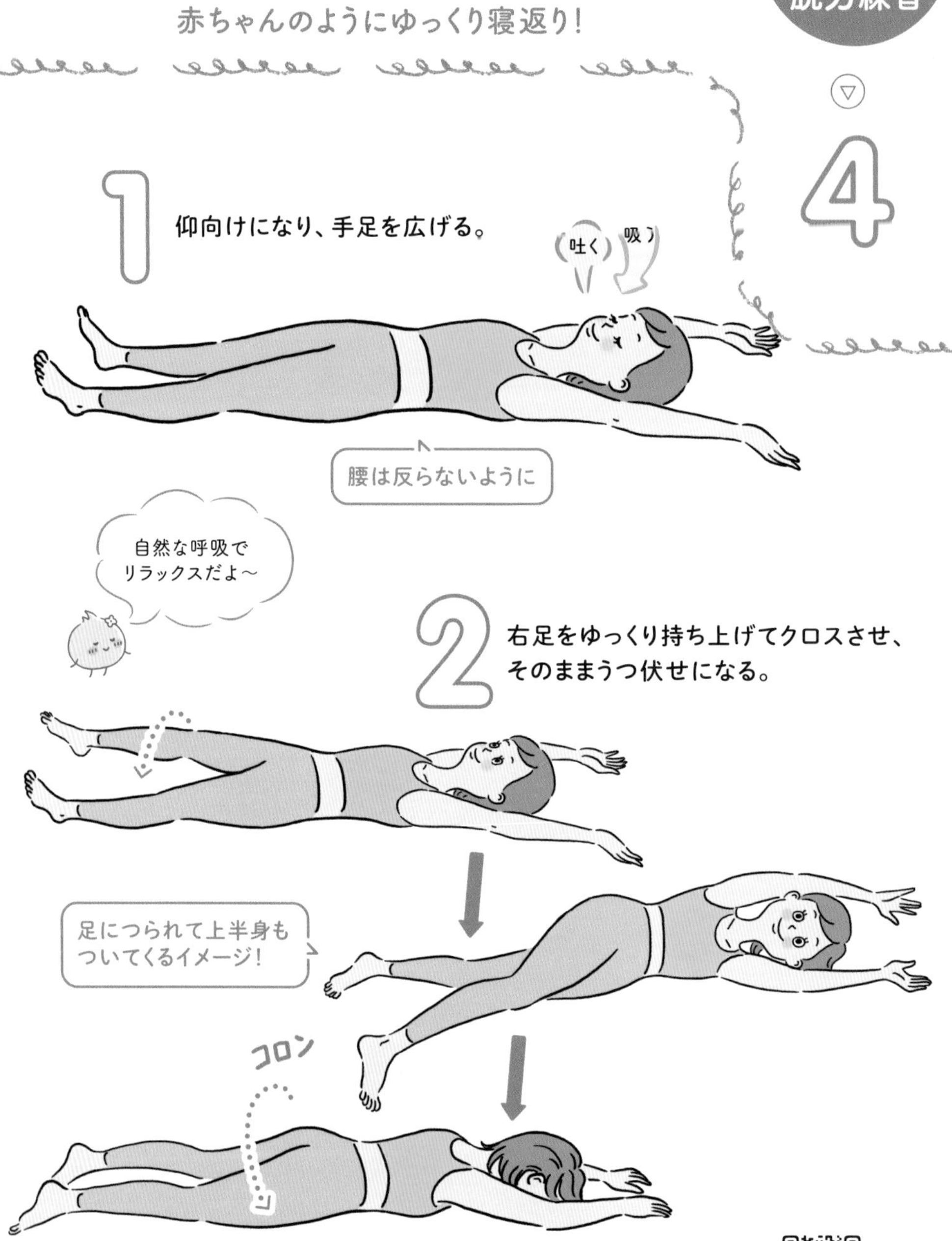

動画でチェック！ ➡

1分 ▷ 左右各2回

腰痛のある人は控えましょう。

ドスン！ とうつ伏せにならないように気をつけて。上半身は、おへそ、胸、最後に右腕がゆっくり着地するように。

2とは逆の動きだよ〜

3 右足をゆっくり持ち上げ、ゆっくり仰向けに戻る。反対側も同様に。

背骨をひとつずつ動かすイメージで丁寧に！

自然な呼吸で

体は頭から足先までつながっているので、一部分だけを動かすよりも、全身くまなく刺激を入れることが効果的に整えるポイント。赤ちゃんが打つような寝返りは全身を大きく使うことから、実は大人にぴったりなのです。

このような全身運動が、姿勢や歩き方を変えるきっかけを作ります。意外と難しい動きです。腕や足をリラックスさせて、チャレンジしましょう。

片足ステップ

ながらエクササイズで腸活も!

やせブレス
実践編
脱力練習
▽
5

1 仰向けになって、ひざを立てる。

軽く開く

吐く 吸う

足で床を押すことで、腰が床につく
お腹がプルプルしないように

2 右足を持ち上げる。

自然な呼吸だよ〜

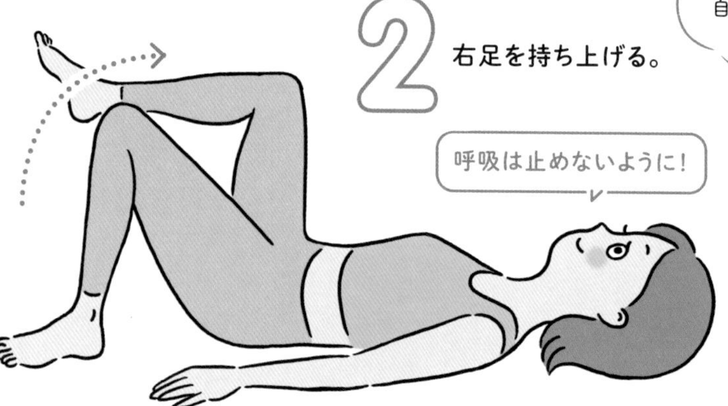

背中は床につけたまま体はリラックス

動画でチェック!

目標 交互に1分間
フォームが維持できる範囲で
頑張りすぎないで。

3 ゆっくり下ろす。

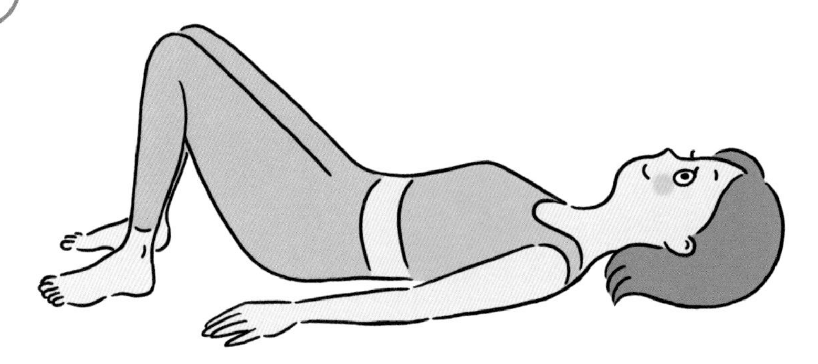

4 左足を持ち上げる。
これをくり返す。

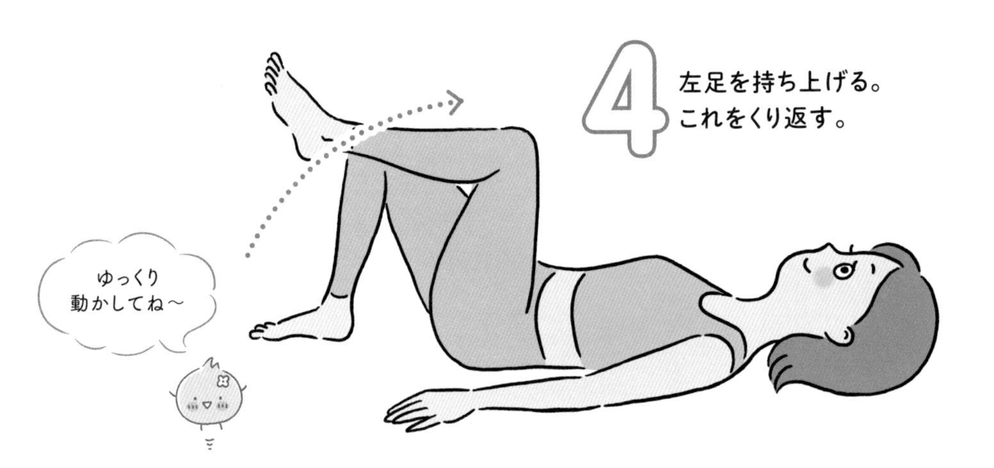

お腹の深いところにある、インナーマッスルを鍛える練習です。ここに効かせられると、反り腰さんにはうれしい効果を得ることができます。
まず、過剰に反った腰とは反対側のお腹が、腰をしっかり支えてくれるようになります。ぽっこり出た下腹がすっきり凹んでスリムになるだけでなく、中には腸にも刺激が入り便秘が解消したという人も。楽しくおしゃべりしながらでOKです。気軽に力を抜いて動かしましょう。

ブレスパタパタ

力まず立つための予行練習！

1 仰向けになって、ひざを立てる。
息を軽く吐いて吸ったら、鼻を手で押さえて息を止める。

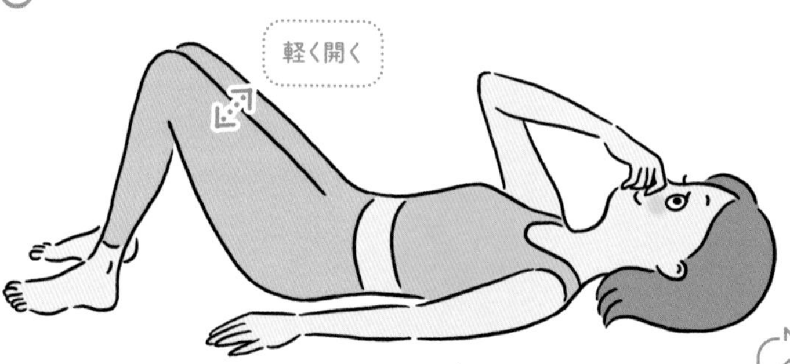

腰は反らないように

全て鼻呼吸！
頑張って吸わない！

2 息を止めたまま、両ひざを左右に振る。

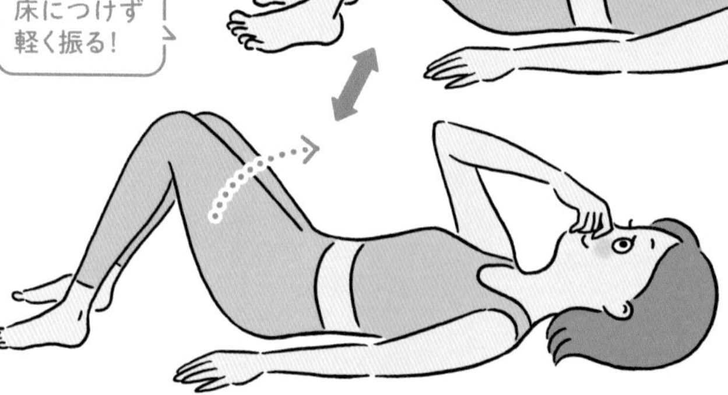

動画でチェック！ ➡

3分以上行うとさらに効果的です。

Point

苦しいと感じるのは
良いですが、
顔がゆがんだり紅潮したり、
体がこわばるのはNGです。

鼻呼吸の練習だから
口呼吸は
しちゃダメだよ〜

3 足の動きを止め、軽く鼻で息を吸う。再び息を止めてくり返す。

明確に「息を吸いたい！」と思ったら、
手を鼻から離して鼻呼吸をする

吐く
吸う

ストレスの多い生活をしている人は、口呼吸になり過剰に息を吸いがち。口呼吸は鼻呼吸と比べて、脳に酸素が届きにくいことが分かっています。体に指令を出している脳の働きが鈍くなることで、疲労感、眠くなる、緊張しすぎるなど、さまざまな体の不調をもたらすのです。

効率的に全身に酸素がいきわたる鼻呼吸を意識する必要があります。ここで大切なのは、足の動かし方ではありません。息を止めたまま体を動かすことがポイントです。息を止めることで「少ない呼吸量でも自分の体は大丈夫なんだ」と覚えさせることがこの動きの目的。睡眠の質が良くなる、スッキリ起きられる、疲れにくくなるなどの効果が望めます。

5―5―5ブレス

少ない呼吸量で体を動かすための呼吸トレ！

1 仰向けになって、ひざを立てる。
5秒かけて鼻から息を吸う。

Point
呼吸は全て
鼻呼吸です！

2 5秒かけて鼻から息を吐く。

動画でチェック！ ➡

Q

息を長く吸えないときは…

A

「少しだけ自分の呼吸のキャパシティを広げよう」

しっかり息を吐き切れていない可能性があります。息を自分で吐き切ったと思ったところで、もう1回吐き切る、さらにダメ押しのもう1回吐き切る気持ちでチャレンジしてみて。慣れてくると、長く吸ったり吐いたりできるようになります。

Level UP

慣れてきたら 10-10-10呼吸にチャレンジ!

10秒吸い、10秒吐き、10秒間息を止めます。「苦しい…!」と頑張って体に力が入るようなら、無理にレベルアップする必要はありません。その場合は7-7-7呼吸など調整してみましょう。

3 5秒間息を止める。1～3をくり返す。

反り腰さんは過剰に腰が反ることで、背中などの筋肉が硬くなっています。さらに、首、胸、お腹、背中などを圧迫してしまうことから、呼吸に必要な筋肉の動きを妨げてしまいます。その結果、スムーズに空気を取り込むことが難しくなるため、呼吸が浅くなるのです。

理想は少ない呼吸で体を動かせる状態です。ゆっくり息を吸って、吐いて、止める呼吸法に連動して、荒々しい気持ちが穏やかになる、体の痛みから解放されるなど、心身ともに良い変化が期待できます。

Q やせブレスは「ドローイン」とどう違うの？

A

ドローインは、腹式呼吸をしながらお腹を凹ませ、その深いところにある筋肉、インナーマッスルを鍛える呼吸法です。

本書で紹介している「やせブレス」は呼吸だけにフォーカスするのではなく、楽に動ける体を作るために、あらゆる姿勢で眠っている筋肉を目覚めさせ、使いすぎている筋肉を休ませせることが目標です！

Q 開いた肋骨は、コルセットの使用や手で押すことで閉じるの？

A

肋骨を締めるには、❶コルセットなどの道具を使って外から刺激する方法、❷道具を使わない方法の2つがあります。場合によってはどちらも効果的ですが、「やせブレス」では❷の方法で肋骨を締めるアプローチをします。

肋骨が動く感覚が分からない人は、一時的にコルセットを巻いてみるのもアリです。まずは、動く感覚を体に覚えさせた後、外してから呼吸練習をすると改善されることもあります。

しかし、道具に頼らないと肋骨が締まらないのでは根本的な解決にはなりません。一生コルセットを巻きつけたり、手で押さえたりするわけにはいきません。やせブレスの「呼吸練習」で肋骨をコントロールできるようになれば、天然のコルセットを手に入れることができます！

Part2

ブレス
&
エクササイズ

ブレスのコツが掴めてきたら
いよいよ4週間プログラムにチャレンジ！
毎日1分のブレス＆エクササイズで
ぽっこりお腹をぺたんこお腹に！
体重はそのままなのに、今より健康で
動ける細い体を目指しましょう。

やせブレス
4週間
プログラム
にチャレンジ！

1日1分のブレス&エクササイズで
反り腰を改善し、ぽっこりお腹を凹ませます!!
お腹だけじゃありません。
気になる太ももの張り、
ボリューミーなふくらはぎ、肩に埋もれた首、
広い背中の猫背改善にも効果が！

1カ月後には体が楽になる感覚があり、
3カ月後には大きな変化が！
毎日1分だけ、一緒に頑張りましょう!!

続けられるか不安です……

「1日1つでOK」

4週間プログラムは、1日1種目を1分間行うのが基本です。「メイン」のエクササイズを1週間やってみましょう!

毎日同じエクササイズで飽きてしまったときは、「サブ」のエクササイズに変更して気分転換してください。もっと頑張りたいと思ったときは、メイン&サブに全てチャレンジしてもOK! ただし、頑張りすぎると明日の自分のハードルを上げてしまい、三日坊主につながってしまいます。ときに頑張らないことも継続には大切です。

どうして呼吸でやせるの?

「やせブレスが姿勢改善を促すから」

現代人の多くが浅い呼吸&息を吸いすぎてしっかり吐けていない傾向にあります。呼吸を上手にできるようになれば、眠っている筋肉が目覚めます（詳しくはPart1をチェック!）。

呼吸により脂肪が減ってウエストが細くなるのではなく、姿勢改善により変わるのがポイント。体重（脂肪）を減らすには食事を見直す必要があります（Part3）。

体に痛みがあるときは?

「無理はしないで」

床には厚めのマットを敷くのがおすすめです。四つ這いになるポーズで手やひざが痛いときは、さらにマットの上にハンドタオルなどを重ねましょう。それでも体が痛いときは無理をせず、仰向けのポーズを選んでください。

いつやるのが理想?

「朝のリラックスした状態」

朝起きたタイミングで行うのが理想。体が疲れていないため、呼吸や脱力などのリラックスさせる運動は効果が高まります。朝が難しいときは、どのタイミングでもOKですので、負担にならず続けられる時間に行ってください!

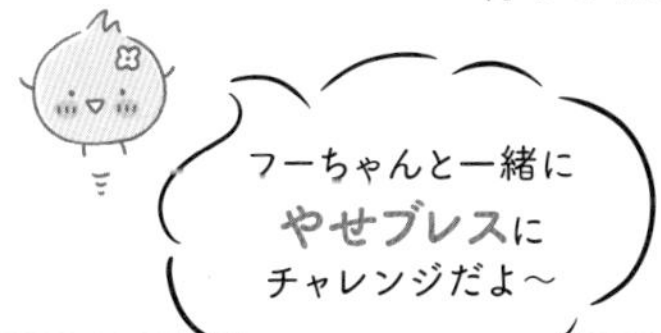

4週間プログラム早見表

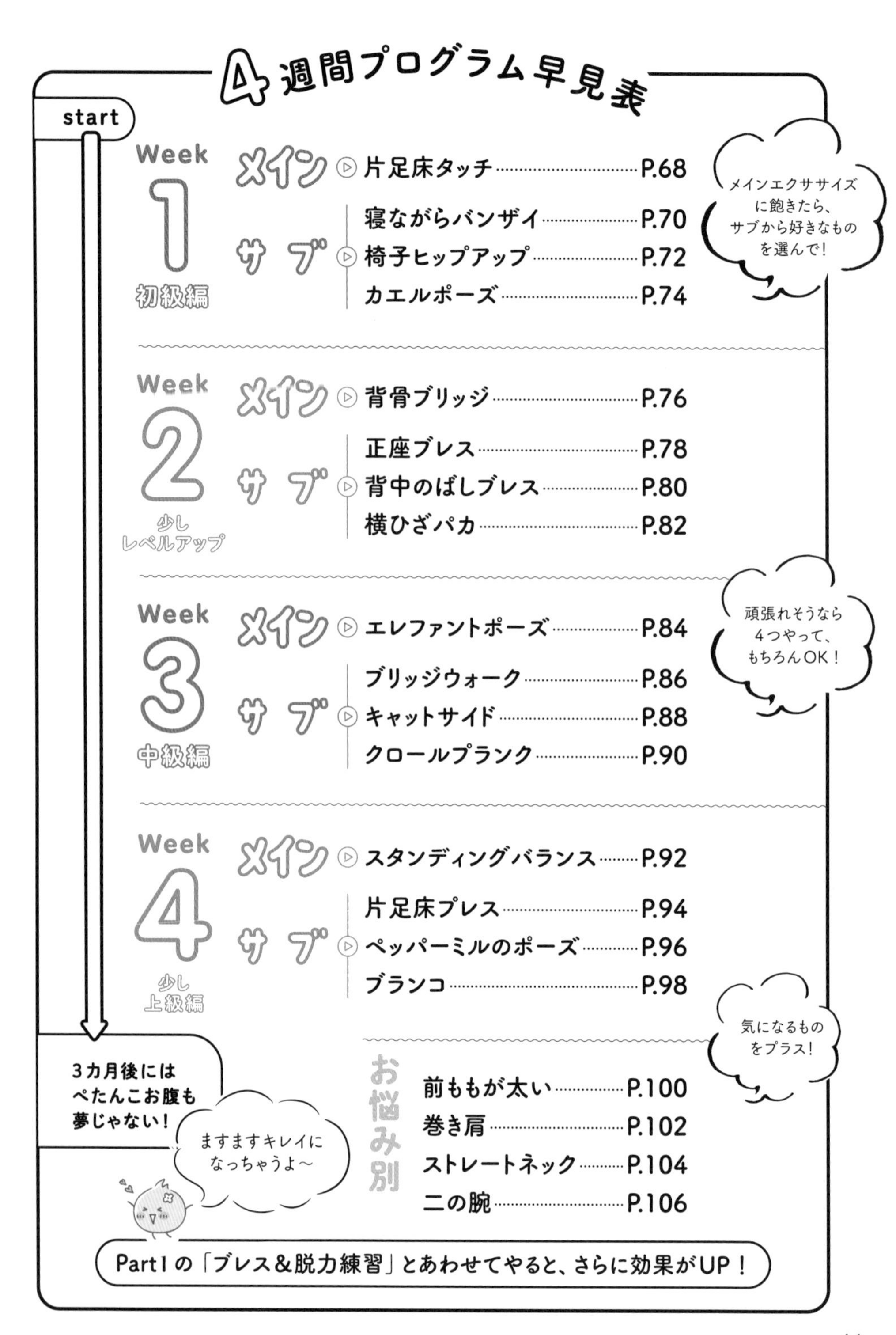

Part1の「ブレス&脱力練習」とあわせてやると、さらに効果がUP！

ブレス&エクササイズでこんなに変わった!

ブレス&エクササイズにプラスして、
ゆるゆる食事管理をしたら、
1カ月でなんと2.7kg減!
以前やせていたときより、
お腹に筋肉がある気がする。
キツくないから続けられました。

体重は変わっていないのに、
服のサイズが変わった!
去年に比べて、トップス・ボトム共に
ゆとりが出るようになった。

測ってびっくり!
あれだけ落ちなかった下腹が
1カ月でマイナス5cm!!

ひざ上のお肉が減り、
足の形が前より
まっすぐに
なってきた。

姿勢が良くなって
お腹まわりが
少しスッキリした。
歩くときに体が
楽になった気がする。

「首のあたりが
すっきりした?」と
いわれた。

ブレス&エクササイズに
プラスして食事管理を
はじめてから、2カ月で
体重がマイナス5.2kg、
ウエストが6.5cm
減りました!

肩こりや頭痛が減り、
睡眠の質が
良くなった。

まわりから「背が伸びた?」と
聞かれるようになった。
腰痛が減り体重・体脂肪ともに
減少したのがうれしい♪

階段の上りが今までよりキツくない、
しゃがむのがキツくない、
雑巾がけがキツくない!! なんだこれは?!?!
今まで太っているからつらいんだと
思っていたけれど、呼吸でここまで変わる?
って驚くくらい体が楽。

日常生活で「息を吐くこと」を
意識するようになり、肋骨が締まって
背中からウエストラインがシャープになった。
肩甲骨が下がることで、
盛り上がっていた肩がスッキリしてきて
首が長く見えるようになった。

「こんな地味な動きなのに大丈夫…?」
と思うかもしれませんが安心して任せてください!
2週間ほどで小さな変化が、続ければ続けるほど大きな
変化を感じるようになります。
毎日1分だけ、自分の体に向き合ってみましょう!

片足床タッチ

体幹UP! 反らない腰が美脚を作る

4週間
プログラム
⇨1週目

Week 1
メイン
exercise

反り腰さんは腹筋を正しく使うことが苦手です。キレイな歩き方には「お腹」が重要。多くの人がお腹の筋肉が使えず、お腹の反対側、つまり背中の筋肉を代わりに酷使してしまっています。すると、バランスの悪い歩き方になり、腰の痛みや背中の張りにつながるのです。

まずはお腹のインナーマッスルで、反らない腰を作ることが大切。このエクササイズは、お腹の深部の筋肉を鍛え、頑張りすぎな背中の筋肉を休ませてくれます。常に床と腰の間に隙間ができないようにしましょう!

1 仰向けになって、両足を持ち上げる。

後頭部からお尻まで床に一直線

動画でチェック!

Point

反り腰にならないように、
腰は床にぴたっと!

目標

1分 ▷ 左右交互に 10 回

2 鼻で息を吸いながら、片足をゆっくり下ろして床にかかとをつける。

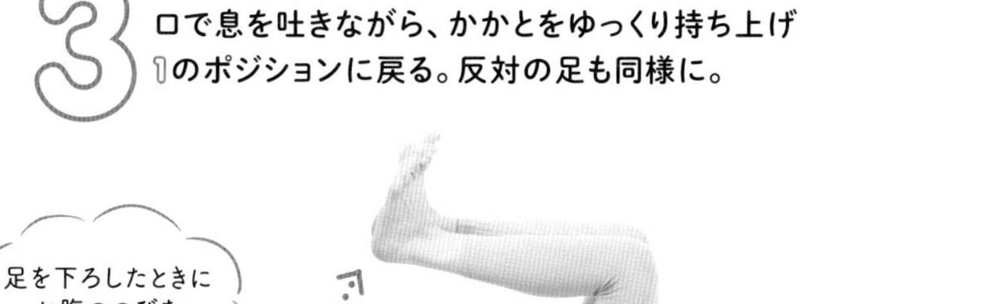

かかとを床につけるときは、ソフトタッチで

3 口で息を吐きながら、かかとをゆっくり持ち上げ1のポジションに戻る。反対の足も同様に。

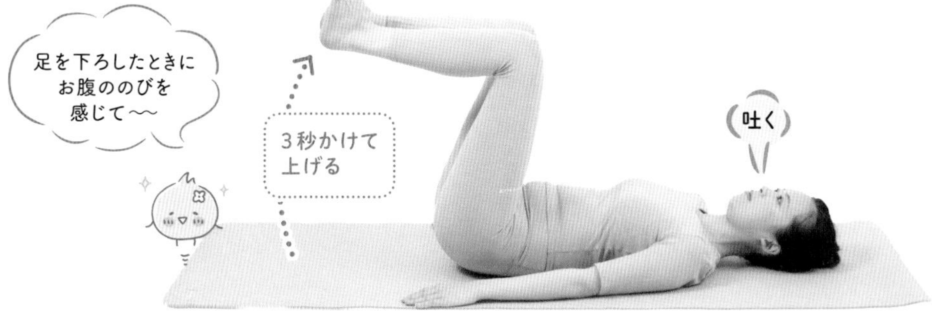

寝ながらバンザイ

肋骨を下げて骨盤を安定させる

4週間プログラム
⇨1週目

Week 1

サブexercise 1

バンザイをしっかり効かせるためには、お腹に力を入れて腕を上げ、肩甲骨まわりの筋肉を使わないといけません。ところが、多くの人がこの動きをすると、お腹の力が抜けて腰が反った状態になってしまいます。

腹筋に意識を向けバンザイすることで、肩甲骨まわりの筋肉が刺激され、猫背・巻き肩も改善し、下腹ぽっこりの解消にもなります。

1 仰向けになって、ひざを立てる。両手をまっすぐ上に。

空に向かって「前へならえ」。肩は床から離れないようにね～

裏ももの筋肉を感じるようにかかとで床を軽く押す

腰を床につける

後頭部を床に向かってプッシュ

動画でチェック！➡ 

目標
1分 ▷ 6回

2 5秒かけて、口から息を吐いてバンザイする。

3 5秒かけて、鼻から息を吸って1のポジションに戻る。これをくり返す。

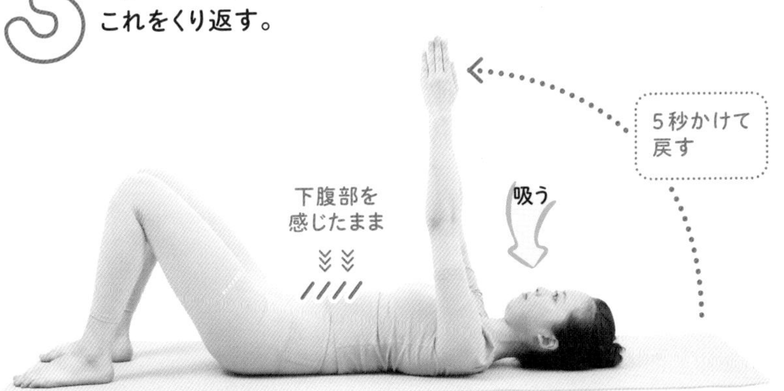

椅子ヒップアップ

裏ももを使って前ももの張りを減らす

4週間
プログラム
⇨1週目

▽

Week 1

▽

サブ exercise 2

反り腰さん・下腹ぽっこりさんは、「肋骨が開いて骨盤が前に傾いている」状態。肋骨がパカーンと開いてお腹が出る代わりに、背面はぎゅっと縮こまって常にガチガチです。この状態では、もちろんお腹の筋肉もうまく使えていません。

仰向けになって足を上げるこの体勢は、骨盤が後ろに傾き、背骨が伸びることでお腹の筋肉に刺激が入りやすくなります。腰が反っているとお腹が張り、力が入れにくいのは想像しやすいと思います。

1 仰向けになって、椅子の上に足をのせる。
ひざの間にタオルを挟む。
腰をしっかり床につけ、3〜4回呼吸をする。

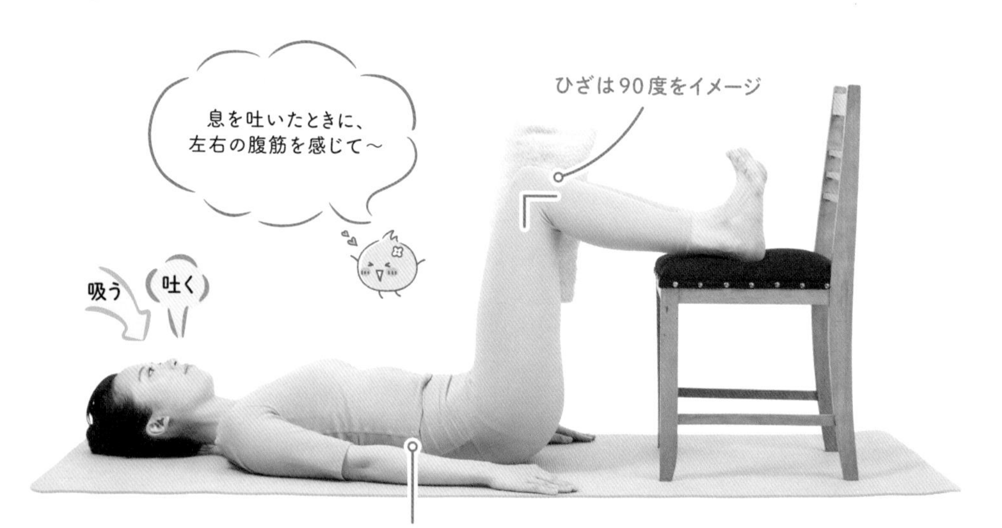

動画でチェック！ ➡

Q

お尻を上げた状態で息を吸おうとするととても苦しいです…

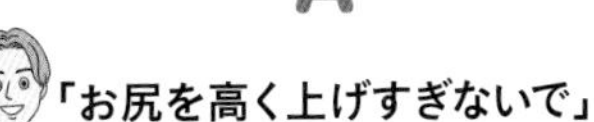

「お尻を高く上げすぎないで」

お尻を頑張って高く上げようとすると、首や胸がぎゅっと詰まってしまいます。お尻を高く上げることが目的ではないので、床からこぶし1つ分持ち上がる程度でOK。体の前面と背面（腹筋と裏もも）がバランスよく働くことで、ふわっと体が持ち上がります。

目標

1分 ▷ 1回

NG

つま先が寝るとすねが張りやすくなるので気をつけて!

Point

椅子ではなく、壁に両足をつけて行ってもOK！

2 お尻を軽く持ち上げ、3〜4回呼吸をする。

4週間
プログラム
⇨1週目

▽

Week
1

▽

サブ
exercise
3

カエルポーズ

呼吸とセットで手足を動かす練習

呼吸の練習でコツを掴めても、いざ日常生活で実践しようとすると、ついつい忘れたりなおざりになったりするものです。

私たちは、普段の生活で手足を同時に動かすことが多いです。分かりやすい例は、歩くとき。その状況に近づけるため、呼吸の基本を押さえたら、手足を動かすアクションを加えます。ブレない体幹が手に入り、薄いお腹や美しい姿勢への第一歩です。

また、この動きは体幹にアプローチして肋骨を締める効果があるため、魅せるくびれが手に入ります。

1 仰向けになって、ひざを立てる。両ひじを床につけたまま手をまっすぐ上に。

動画でチェック! ➡

腕とひざが開いたときに、
腰が反りやすいので気をつけて。

2 鼻で息を吸いながら、腕とひざをゆっくり開く。

3秒かけて開く

3 口から息を吐きながら、1のポジションに戻る。

3秒かけて閉じる

背骨ブリッジ

力みのない姿勢を作るための動き

背中がガチガチ、前ももや外ももが張りやすいという人は、それらの反対側の筋肉「お腹と裏ももとお尻」に刺激を入れることが大切です。そのために、おすすめな動きが、この背骨ブリッジ。

ただし、気をつけたいのがお尻を上げるときのフォームです。頑張ってお尻を高く上げる必要はありません。正しいフォームで行えば、自然とお腹に力が入ります。頑張りすぎないのがポイントです。

1 仰向けになって、ひざを立てる。ひざの間にタオルを挟む。

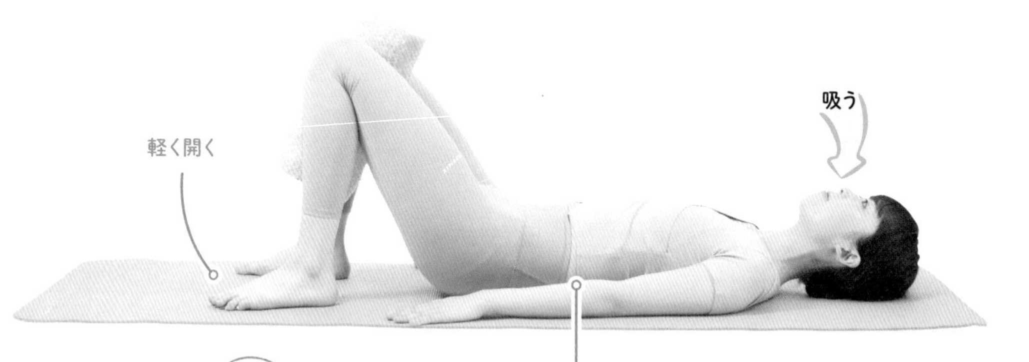

動画でチェック！➡

エクササイズ中に腹筋を感じられません…

「かかとで床を押して」

仰向けになったとき、床と首・腰それぞれの空間をなくすようなイメージで、しっかりと床につけましょう。完全に息を吐き切り、お腹に力を感じながら足で床を押してみてください。

1分 ▷ 30秒×2回

ヒップアップをキープする時間は自由に。1分間キープし続けるのもおすすめ。

お腹の力が抜けたまま胸から上げるのはNG。首にシワが寄って呼吸が苦しくなるなら、胸から上げている、もしくはお尻を高く上げすぎかも。

2 お尻から背骨を1本ずつ離すように、足で床を押す。

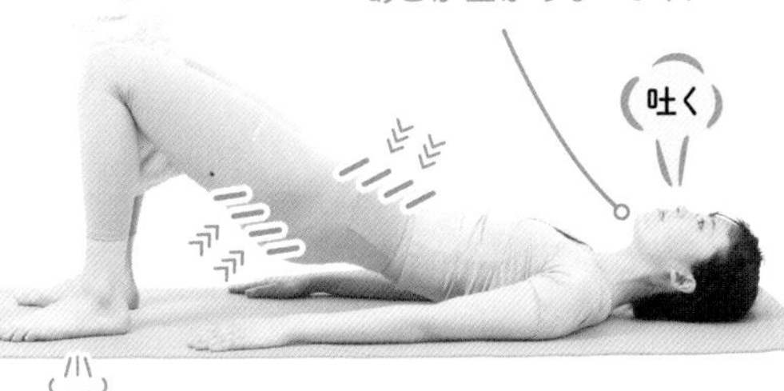

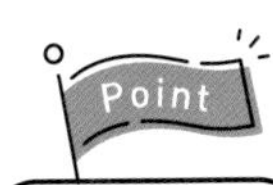

太ももから背中までが一直線に!

3 上げたところで呼吸をくり返す。

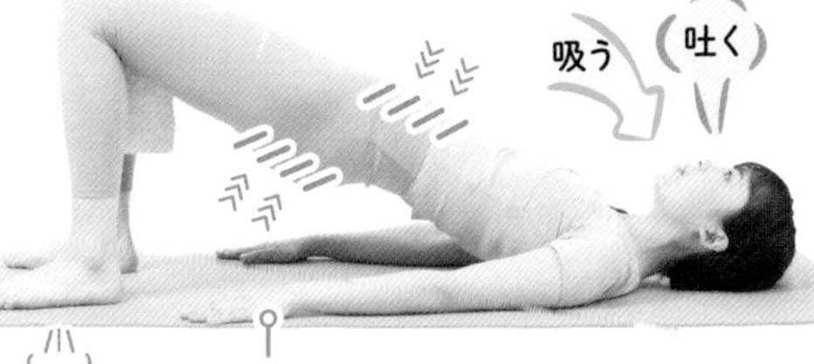

正座ブレス

肋骨を締めて「くびれ」を作る

4週間
プログラム
⇨2週目

Week 2 ▽ サブ exercise 1

　そもそも、体は息を吸うときに肋骨が開き、吐くときに締まります。反り腰さんの多くは、呼吸が浅いことから回数が増え、通常より息を吸いがち。過剰に息を吸うと反り腰が加速し、肋骨の開さが目立ちます。

　肋骨を締めるための腹筋運動や、くびれを作るための体をひねるエクササイズをする人は多いですが、凝り固まった背中のままでしても体の負担になるだけです。深い呼吸で背中の緊張をほぐすと、背骨とつながっている肋骨に効果的にアプローチができ、くびれが生まれます。

1 正座の状態から、ひじとひざをつける。

腰は丸めるよ～
ひじで床を押す
お腹と太ももの間に空間を作る

動画でチェック！➡

目標

1分 ▷ 6呼吸

呼吸の回数は目安です。リラックスしながらゆっくり吐いて吸える長さで、1分間くり返しましょう。

太ももの上にお腹を預けてしまってはNG。お腹に力が入りにくくなります。

反り腰さんのハナシ

反り腰さんは、上手に息を吐けていない人が非常に多いです。空気でパンパンに膨らんだ体では動きに制限が出るため、体の動きが悪くなってしまいます。**息を吐けるということは、「体のコントロールが自由にできる状態」**。腹筋を頑張るよりも息を吐く練習をすることで、肋骨が自然に締まって姿勢が改善し、くびれもできやすくなるでしょう。

2 この状態で呼吸をくり返す。

背中のばしブレス

背中年齢マイナス10歳へ

4週間プログラム
⇨2週目

▽

Week 2

▽

サブexercise 2

猫背というのは、背中が丸まっている状態だけではなく、ピンと背筋がのびすぎて腰が反っている人も、骨格から見ると「猫背」です。見た目では分かりにくいですが、肋骨が開き、その上にある肩甲骨の位置が通常より前に位置します。

常に背中が使われているので、代わりに反対側のお腹はゆるみ、下腹がぽっこり出てしまいます。解消するために息を吸って背中全体を大きく膨らませ、背中の緊張をなくすことが大切です。背中年齢が若返り、しなやかな後ろ姿になります。

1 四つ這いになる。

腰が反らないように

手は肩の真下につく

動画でチェック！➡ 

目標
1分 ▷ 左右各30秒

2 左手の甲を右手の前につく。ひざを軸に、両つま先を右斜め後ろに。

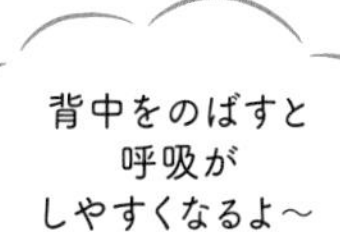

3 お尻を後ろに引きながら、右手で床を押す。この状態で呼吸をくり返す。反対側も同様に。

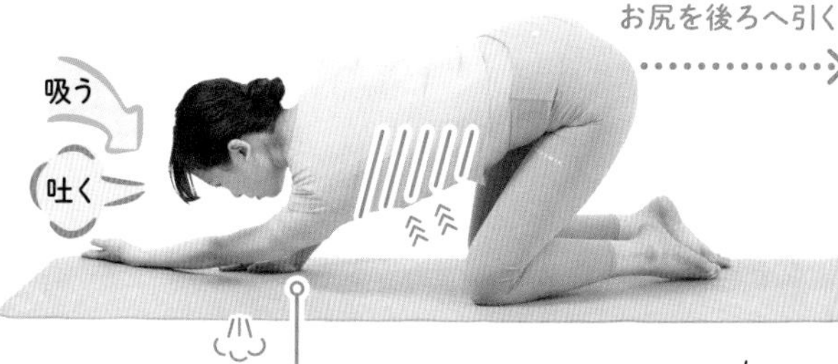

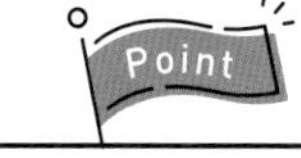

腹筋の感覚が
抜けないように気をつけて!

NG

お腹の力が抜けてしまうと、太ももの上にお腹がのってしまいます。お腹と太ももの前には空間を作るように、キープしましょう。

横ひざパカ

ヒップアップで足長効果も!

4週間プログラム
⇨2週目

Week 2
サブ exercise 3

垂れ尻から脱却したい人が陥りがちなのは、意識してお尻に力を入れたり、キツすぎる筋トレをしたりすること。しかし、主に筋肉の表面が鍛えられ、内側からぷるっと盛り上がる桃尻からは遠のきます。垂れ尻改善には深部の筋肉を動かす、ゆっくりとした動きが効果バツグン。

お尻の筋肉は、日常的にきちんと使えていない人がほとんどです。この横ひざパカをマスターできれば、歩いているときに無意識でもお尻を使え、歩き方が軽やかになります。

1 横向きに寝て、ひざが90度になるように曲げる。

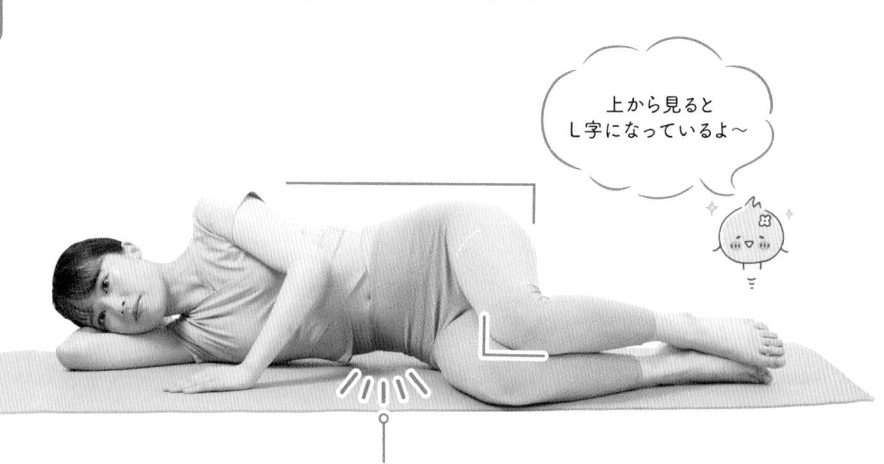

動画でチェック!

目標
1分 ▷ 左右各3回

2 足は揃えたまま、
上になっているほうのひざを
2 ～ 3cmほど前に出す。

3 体勢をキープしたまま、ゆっくりひざを開き、
ゆっくり元に戻す。反対も同様に。

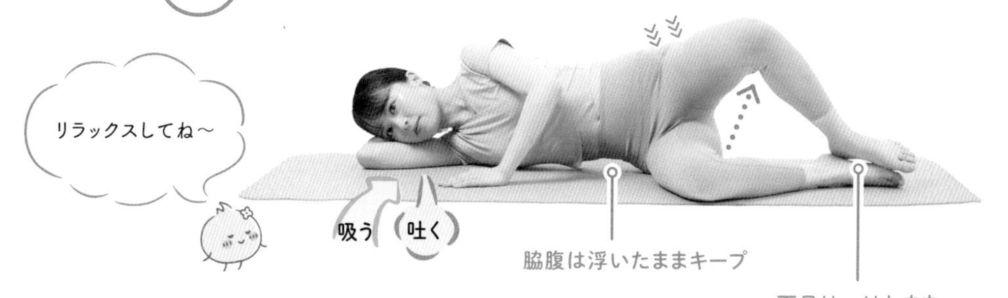

NG

脇腹が床に落ちてしまうと、ひざは開きやすくなりますがお尻には効きにくくなります。大切なのは、ひざを大きく開くことよりも床に近い横腹の力が抜けないこと。外ももに効くのはNGです。

エレファントポーズ

背面をゆるめる動きで反り腰・猫背解消

4週間プログラム
⇨3週目

▽

Week 3

▽

メイン exercise

四つ這いの姿勢は今までの仰向けや横向きとは違い、お腹に力が入りやすいのがメリット。手で床を押すときに背骨が丸まり、グッと腹筋に効きます。

反り腰は文字通り腰が反っていて、猫背は背中の上側が特に丸まっている姿勢です。これらに共通していることは、背骨全体を丸めることが苦手ということ。だからこそ、しっかり手で床を押すことが大切です。この動きをすると肩甲骨が正しい位置になるため、肩こり解消の効果もあります。

1

四つ這いになり、背中全体を丸める。

動画でチェック！ ➡

目標
1分 ▷ 1回
❸の体勢のまま呼吸し続けるのがつらい場合は、一度「❶」の体勢に戻って休んでもOK。

Q
ヨガの「ダウンドッグ」と何が違うの？

A

「背中を丸めるか、反らしているかの違い」

ダウンドッグ（下向き犬のポーズ）は、背中が一直線になるようにのばして胸を開き、アルファベットのAのような形を目指します。一方、エレファントポーズの一番のポイントは、かかとをつけることです。

腰が反り、肋骨を開いて立っている状態は、つま先に体重がのっています。体は姿勢のクセを覚えるので、普段からそのようになりがち。だからこそ、かかとをつけ、じっくり体をのばすことで正しい体の使い方を目覚めさせる必要があります。足の裏全体で立つことができれば、美姿勢に近づきます。

Level UP
つま先を上げるとさらにのびるので、できる人はチャレンジしてみましょう！

ブリッジウォーク

腰を反らさずに腹筋を使うコツを掴む

4週間プログラム
⇨3週目

Week 3

サブexercise 1

美しい歩き方のために必要な要素が詰まっているのが、このブリッジウォークです。椅子から片足ずつ上げるときにお腹に力が入っていないと、腰が反るなど姿勢が崩れる原因になります。ここでしっかりお腹に力を入れると、足はスムーズに上がります。

この動きで体幹を鍛えると、腰が反りにくくなり、普段の歩き方も変わります。椅子や壁があればできるので、ぜひチャレンジしてみてください。

1 仰向けになって、椅子の上にかかとをのせる。

安定した椅子を使ってね～
壁に両足をつけて行ってもOKだよ～

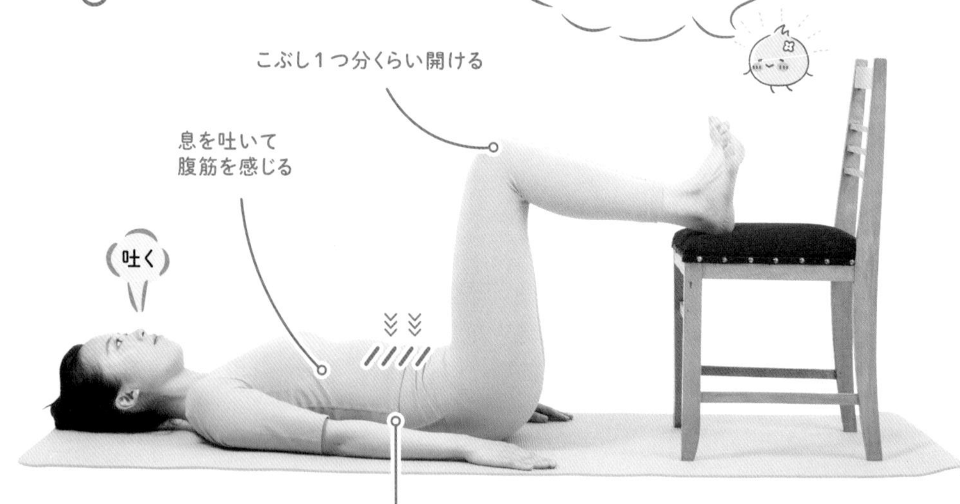

動画でチェック！ ➡

目標
1分 ▷ 左右交互に12回

2 お尻から背骨を
1本ずつ離すように、
ゆっくり持ち上げる。

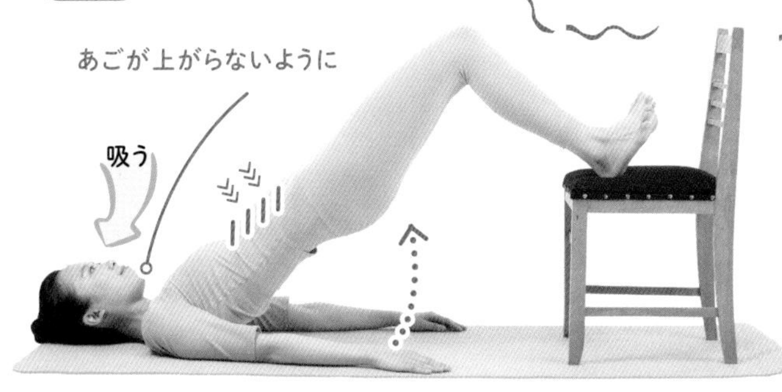

3 片足を蹴り出すように前にのばしたら2の姿勢に戻り、
今度はもう片方の足を同様にのばす。
呼吸をしながら続けて、歩くように
交互に足をのばす。

足を高く上げたくなりますが、
腹筋に力を入れにくく、呼吸も
浅くなってしまいます。

キャットサイド

お腹とお尻の感覚を掴む動き

4週間
プログラム
⇨3週目

▽

Week
3

▽

サブ
exercise
2

腹筋とお尻の外側の筋肉は、歩くときに地面の衝撃を受け止めるための大切なクッションの役割を持っています。ここが上手に使えていないと、背面、前もも、ひざなどを酷使してしまい、前ももが張り出して太く見えたり、関節の痛みが生じます。

これを改善するには、まず眠っているお腹とお尻の筋肉にやさしく刺激を入れて、良い体の使い方をインストールしましょう。

1 四つ這いになり、背中全体を丸める。

お腹に力が入っていることを感じる

動画でチェック！➡

目標
1分 ▷ 左右各2回

NG
背中を丸めようとして、
お尻を後ろに引いて
しまうのはNG。

2 ひざを軸に足を外に開き、足先を視線で追うように上半身を軽くひねる。反対側も同様に。

クロールプランク

歩行が変わる進化系プランク

4週間プログラム
⇨3週目

▽
Week 3
▽
サブexercise 3

反り腰を改善させるために、体幹を鍛えるプランクはとても効果的です。しかし、反り腰のままするると、腰やひじ、肩まわりが痛くなり、思うように効果が感じられません。

実は「正しい歩行」というのは難易度の高いもの。体の負担なく歩けている人は少ないのです。そこで、歩くときに動かす腕と足を交互に使う進化系プランクをおすすめします。体幹も鍛えられるので、美しい歩き方を身につけるのにぴったりなエクササイズです。足のラインもまっすぐキレイになります。

1

うつ伏せになり、片方の股関節とひざを90度に曲げる。
上半身を持ち上げて、両手で床を押す。

動画でチェック！➡

目標
1分 ▷ 左右各4回

2 床を押したまま、片方の肩甲骨を寄せる。

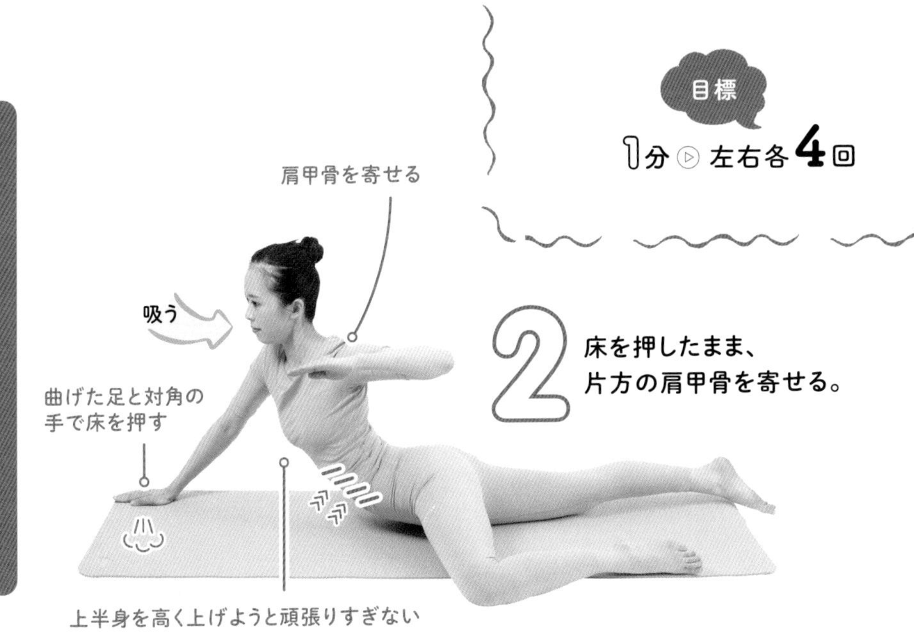

ひじを後ろに引こうとすると、腰が痛くなりやすいので気をつけて。

3 なるべく遠くにのばし、3秒キープ。2の姿勢に戻る。2,3をくり返す。反対側も同様に。

スタンディングバランス

腹筋強化で美姿勢の土台作り

4週間プログラム
⇒4週目

Week 4 メイン exercise

人間のパーツで一番大切なところは頭（脳）。寝る、座る、四つ這いなどあらゆる姿勢の中で、頭の位置が高くなるのは立つときです。無意識に頭を守ろうと歩くのですが、姿勢が悪い人は体がこわばりがち。特に頑固な反り腰の人は、腰や前ももなど一部の筋肉で体を支えるため、下半身太りの原因にもなります。

この動きでは、片ひざ立ちから立ち上がるとき、体を安定させるために自然とお腹に力が入るので、ブレない・疲れにくい歩き方が身につき、下腹も引き締まります。

1

片ひざ立ちの姿勢になる。
立てたひざと同じ側の腕を上げる。

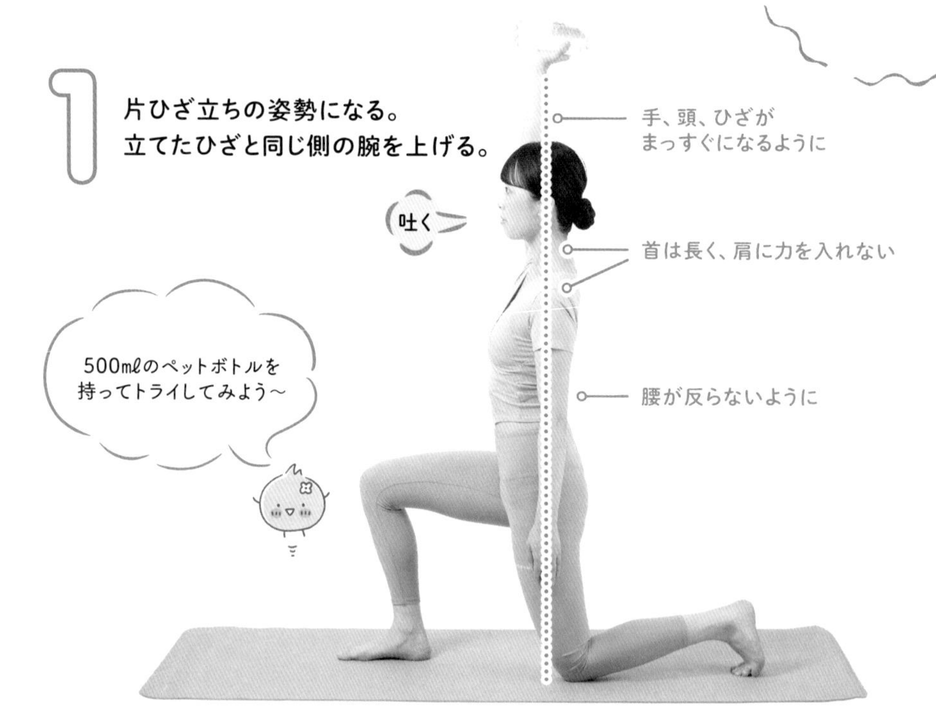

動画でチェック！ ➡

Q

バランスが取れなくてグラグラします…

A

「踏み込むときはかかとを意識」

重心がつま先にいってしまうと安定しません。踏み込んで足にのるときは、かかとでしっかり地面を踏み、立ち上がったときは足裏全体で踏ん張ります。この重心の移動がスムーズにできると、普段の歩き方が自然と良くなります。

1分 ▷ 左右各5回

前の足に体重がのりすぎると、体がまっすぐになりません。

吸う

Point

立ち上がるとき、自然にお腹に力が入ることを感じて!

2 腕をまっすぐ上げたまま、片足を持ち上げる。ももを上げたまま2秒ほどキープし、1のポジションに戻る。これをくり返す。反対も同様に。

頭から足先まで一直線に!

500mℓのペットボトルを持ってもグラグラしない、負荷が軽いと感じるようになったら、ダンベルにチャレンジしてみましょう! はじめは1kg～3kgがおすすめです。

息を吸いながら立ち上がるよ～

足の裏全体で踏ん張る

4週間
プログラム
⇨4週目

Week 4
サブ
exercise 1

片足床プレス

正しい胸の張り方をマスター

反り腰さんの多くは猫背でもあるのですが、その猫背を治す意識から胸を張りがち。そうなるとさらに腰は反り、悪循環に陥ります。

この動きは単純に胸を張るのではなく、肩を下げて肩甲骨を寄せ、お腹に力を入れることでキレイな上半身の姿勢を作ります。さらに、片足で体を支えるときは裏ももに効き、つながっている骨盤の位置を整える効果もあります。お腹が薄く、足は細く、凛とした姿勢になり、見た目が大きく変わります。

1 ひざを立てて床に座り、肩の下に手を置く。肩を引いて胸を張り、息を吐き切る。

NG

肩をすくめない。

お腹に力が入っていることを感じてね～

吐く

肩を下げて肩甲骨を寄せる

つま先UP

お腹を丸めて腰が反らないように

動画でチェック！➡

2 お尻を軽く持ち上げる。

手で床をプッシュ！
体重を手にかけすぎない
ように、手とかかとの両方で
支えるイメージ。

3 片方の足を前にのばして浮かせる。反対側も同様に。

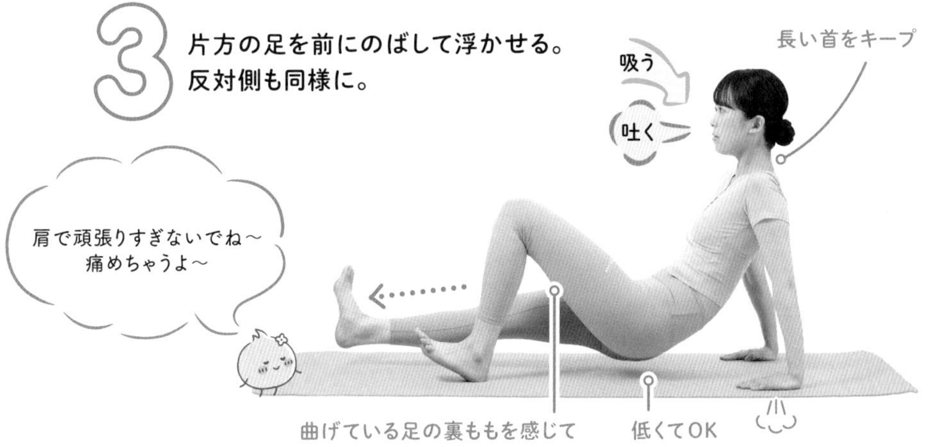

足を高く上げると腹筋を感じづらくなります。低く上げるほうが、お腹にじんわり効きます。

4週間プログラム
⇨4週目

ペッパーミルのポーズ

意識が行き届いたパーフェクトボディへ

Week 4
サブ exercise 2

今までのエクササイズの集大成！　難易度は一番高いですが、全身の筋肉にアプローチすることができます。ポイントは、肩甲骨や股関節を上手に動かすこと。普段の生活で使われにくい肩甲骨まわり・お腹・お尻・内もも・裏ももに一気に刺激が入ります。

この動きが身につくと、知らない間にやせる歩き方に変化します。また、一部分の筋肉を酷使せず、全身が使えるようになるので一日中動いても疲れ知らずに。特にお尻（の外側）に効いていればバッチリです。

1 まっすぐ立ち、ひざの間にタオルを挟む。

Point

このエクササイズは、全ての動きの中でもっとも体の使い方が難しいので、1つ1つポイントを押さえながらゆっくり動かしていきましょう。

つま先に体重をかけないように

動画でチェック！

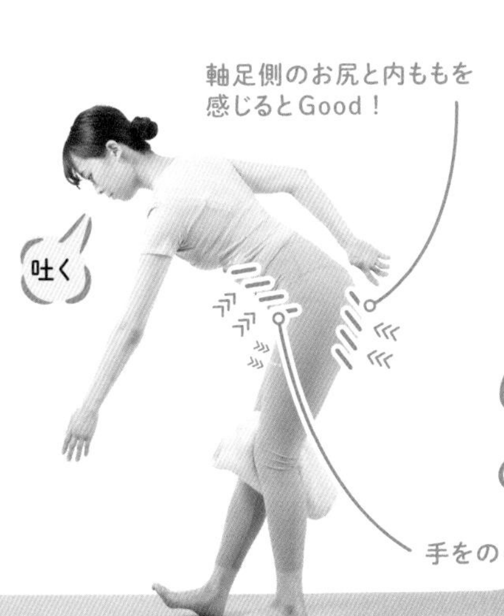

軸足側のお尻と内ももを
感じるとGood！
吐く

目標
1分 ▷ 左右各30秒

2 ひざの位置を前後にずらし、
上半身を前に傾ける。
前に出した足のつま先を上げ、
反対側の腕を前にのばす。

手をのばしている側のお腹を感じて！

「お尻」に刺激が
入っていることを
感じるのがとても大切。
効かせたいところに、
刺激を入れられれば、
姿勢改善へ最短距離です！

肩・首はリラックス

腕をのばしている側の
背中を丸めるイメージ

吸う

吐く

腰が
反らないように

足を出したほうに向かって、
おへそから上半身をゆっくりひねる。
呼吸をくり返す。
反対側も同様に。

大きくひねるより、
お腹に力を
入れてね〜

両ひざが揃ってしまうと、
お腹、お尻、内ももに
力が入らなくなります。

ブランコ

できると体がみるみる変わる!

4週間プログラム
⇨4週目

Week 4 サブ exercise 3

「できる」「できない」がハッキリ分かれるエクササイズ。今までで、もっとも大きな動きですが、実は使っている筋肉は変わりません。これまで比較的軽い負荷でそれぞれの筋肉に効かせてきましたが、ここでは強度アップを狙います。私たちは毎日の生活を送るだけでも、階段の上り下りや重いものを持つなど、意外と体に負荷がかかっています。対応するためには、このややハードな動きに筋肉を慣れさせる必要があります。反り腰・猫背はもちろん、体のあらゆる悩みから解放されましょう。

1 ひざを立てて座り、手を肩の下に置く。

動画でチェック! ➡

Q

腕が短いせいかお尻がつきます…

A

「肩を引き、肩甲骨を下げて」

お尻がついてしまうのは、腕が短いのではなく、肩がすくんでしまっているのかもしれません。猫背や巻き肩の人は肩が上がりやすく、床と腕の距離が近づいてしまいます。

息を吐いてお腹に力を入れ、床を手でしっかり押すとお尻が床から浮きます。

1分 ▷ 5回

一度もお尻が床につかなければOK。

2 息を吐いてお腹に力を入れたまま、お尻を持ち上げる。

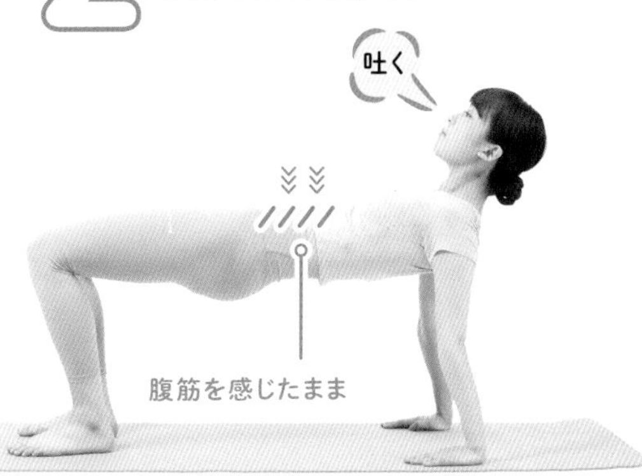

3 息を吸いながらお尻を後ろに引く。2,3をくり返す。

肩が痛い人は無理をしないで。
また、巻き肩さんには
少し難しい動き。
まずは、P.94の「片足床プレス」
で練習しましょう。

NG

お尻を高く浮かせようと頑張りすぎると、肩に力が入ってつらくなり体を痛めてしまいます。

前ももが太い

張り出した前ももをのばして足やせ

4週間にプラス＋
⇨お悩み別

お悩み別
exercise
1

反り腰さんの多くは「足が太い」と悩んでいます。これは、腰が反る＝ヒールをはいたときのように体の重心が前に傾き、前ももの筋肉が酷使されているからです。頑張りすぎた前ももをほぐすことで、本来のまっすぐな足を取り戻しましょう。
やみくもに、ただのばせばいいわけではありません。大切なのは「腰を反らさない体勢でのばす」こと。腹筋を使った姿勢で行うのがポイントです。

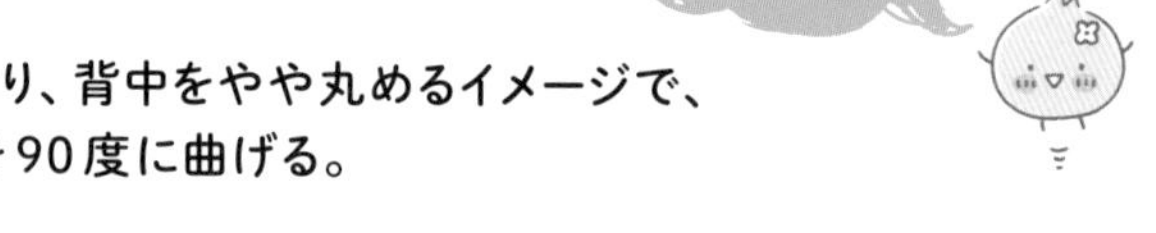

1 うつ伏せになり、背中をやや丸めるイメージで、片方のひざを90度に曲げる。

お腹（下腹部）に
力が入ることを感じて。

動画でチェック！→

Q

仰向けになってやってもいい?

A

「腰が反るので うつ伏せがおすすめ」

前もものストレッチとして有名なのは、「仰向けになって片足を曲げる」動きです。しかし、この体勢は前ももが硬いほど腰が反りやすく、腰やひざが痛くなる、足首に負担がかかる、肋骨が開くなど、デメリットが多いのでうつ伏せでしましょう。

2 もう一方のひざを曲げ、足首を掴む。反対側も同様に。

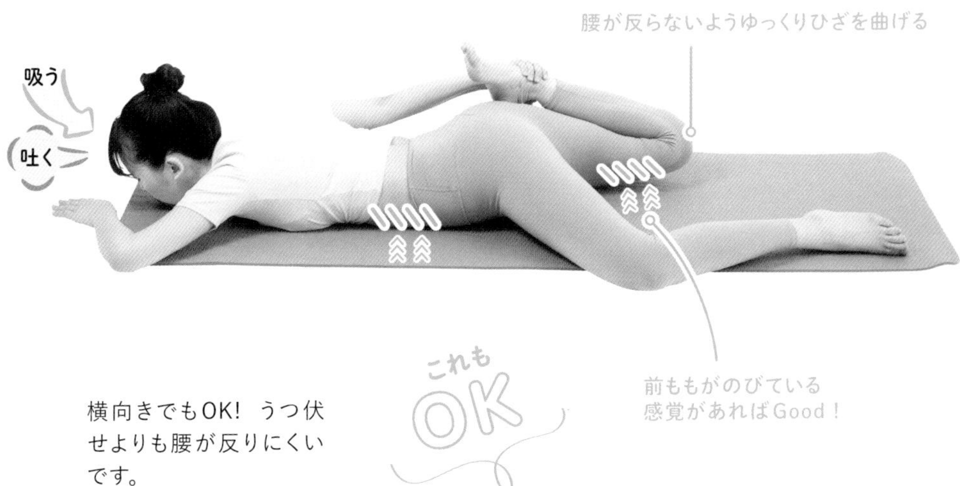

腰が反らないようゆっくりひざを曲げる
吸う
吐く
前ももがのびている感覚があればGood!

これもOK

横向きでもOK! うつ伏せよりも腰が反りにくいです。

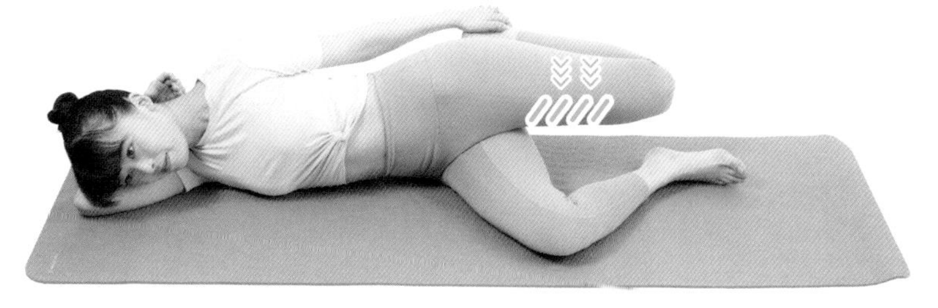

巻き肩

腕のストレッチで体をリセット

▽お悩み別▽

exercise 2

デスクワークの人、スマホが手ばなせない人は、巻き肩で慢性的な肩こりになっていることが多いのですが、実は腕のストレッチが有効です。

巻き肩の人は、ひじを曲げた姿勢＋背中が丸まった姿勢がクセになっていることが多く、この状態は腕の筋肉をガチガチに硬くさせてしまいます（まさにデスクワークでパソコンに向き合っているときの姿です）。腕をのばして筋肉の緊張・血流をやわらげ改善させることで、つながっている肩も驚くほど軽くなります。

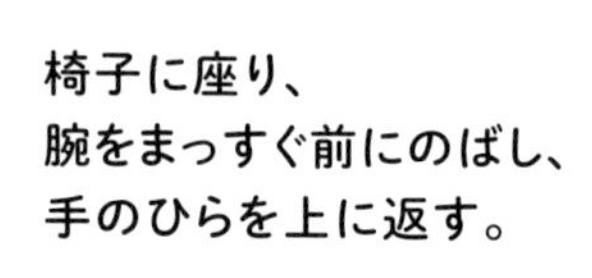

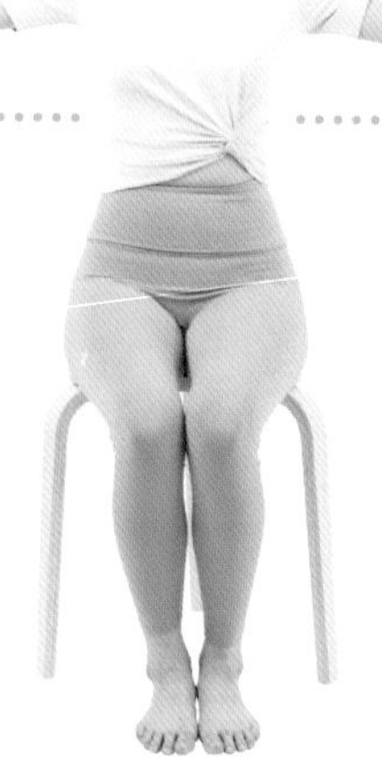

くるっ

1
椅子に座り、
腕をまっすぐ前にのばし、
手のひらを上に返す。

2
腕を遠くにのばす。

動画でチェック！ →

反り腰さんのハナシ

巻き肩の原因にもなる長時間のデスクワーク。そのとき、姿勢が気になり背筋をピンとのばしたりしていませんか？　実はコレ、背中を緊張させて反り腰を加速してしまいます。巻き肩・ストレートネック・猫背は、デスクワークに適した姿勢。体はその姿勢を覚えてしまうので、リセットが必要です。30分～1時間に一度は立ち上がって動きましょう。同じ姿勢をとり続けることは最大のダメージなのです。

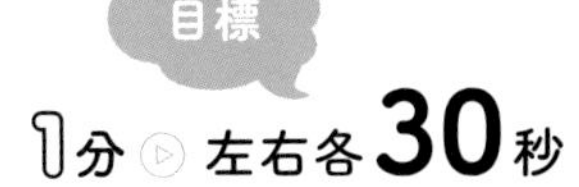

1分 ▷ 左右各30秒

腕全体を天井に向け、斜め前にのばす。

頭を横に傾ける。反対も同様に。

吸う

吐く

首から手にかけてのびを感じられるとGood！

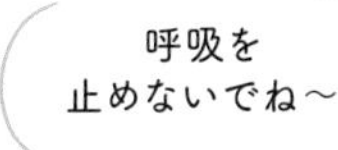

腕の筋肉がカチカチの人は、力こぶや鎖骨のあたりに小さくするどい刺激（しびれのような感覚）が走ります。一見地味な動きですが効果はバツグン。隙間時間にもおすすめな動きです。

ストレートネック

首を整え上半身を華奢に

4週間にプラス＋
⇨お悩み別

お悩み別
exercise 3

反り腰さんは、正しい姿勢を保つための筋力が低下しているため、猫背、巻き肩、ストレートネックなどになりがちです。

特にストレートネックは、頭が前に出てしまうことで、首の骨の自然なカーブが失われている状態。首や肩への負担が非常に大きく、頭痛や手のしびれ、めまいなどといった不調の原因にもなりかねません。

横になって体に余計な力みが入らない状態で、首の正しい位置を記憶していきましょう。

4週間プログラムに
プラスして
やってみてね～

1 仰向けになり、視線は天井に。

動画でチェック！ →

目標
1分 ▷ 15秒×4回

反り腰さんのハナシ

下半身太りに悩む反り腰+猫背の人は、「**上半身が強そう**」な**イメージ**を持たれることがあります。
これは、背中が丸まることで肩甲骨が上がり、ぽっこり肩になるから。見た目が悪いだけでなく、頭痛や肩こりの原因にもなります。首や肩は頭を支える大切な部位。まずは、このエクササイズで首を正しいポジションに導きましょう。

首で床を押す感覚が掴みにくい人は、首と床の間に手を差し込んでみましょう。もっといける人は手がぺちゃんこになるようなイメージでプッシュします。

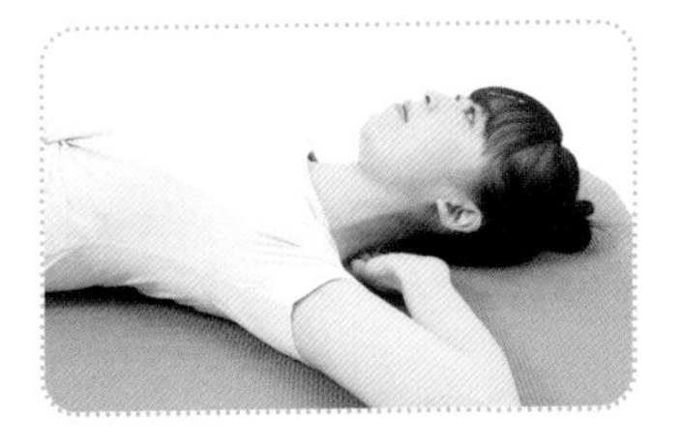

2 息を吐きながら、首の後ろの空間をつぶすようなイメージで、首で床を押す。呼吸を続ける。

Point
肩に力が入らないように気をつけて。
余裕があれば、腰も一緒に床に向かってプッシュ！

首の後ろが
長くなる感覚を
掴もう〜〜

二重あごになるのが正解！

吐く
吸う

首で床をプッシュ

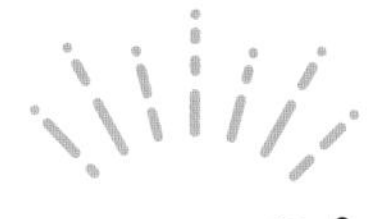

二の腕

キツくないのに細くなる！

反り腰＋猫背の人は、背中の上側（肩甲骨）が前に傾いています。そうなると、肩甲骨とつながっているひじとの距離が短くなるのを想像できますか。距離が縮んだ分、力こぶはモコッとし、振袖部分はたるんでしまいます。輪ゴムを両手で引っ張るとピンと張りますが、両手を近づけるとたるむイメージです。

このアンバランスな状態を整えることで、二の腕をキュッと引き締めていきましょう。

4週間プログラムに
プラスして
やってみてね～

1 椅子に座り、ひじを曲げて手を正面に出す。

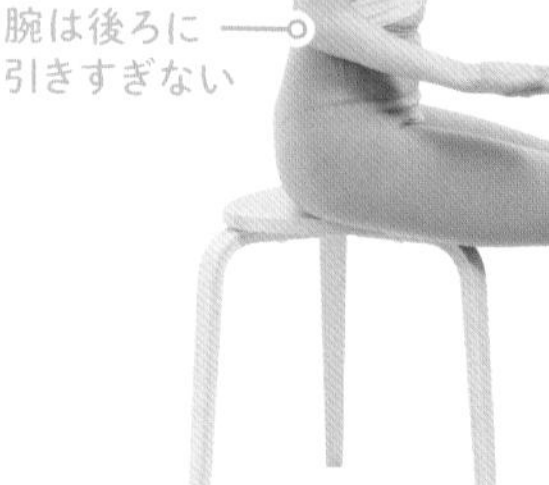

動画でチェック！→

Q

両腕一緒にやっても平気?

A

「片腕ずつがおすすめ」

両方の腕を一緒にやってもOKですが、やりはじめは感覚が掴みにくいので片腕ずつが確実です。一見地味な動きですが、簡単な動きを楽にコントロールすることに見た目を変える鍵があります。

1分 ▷ 左右各30秒

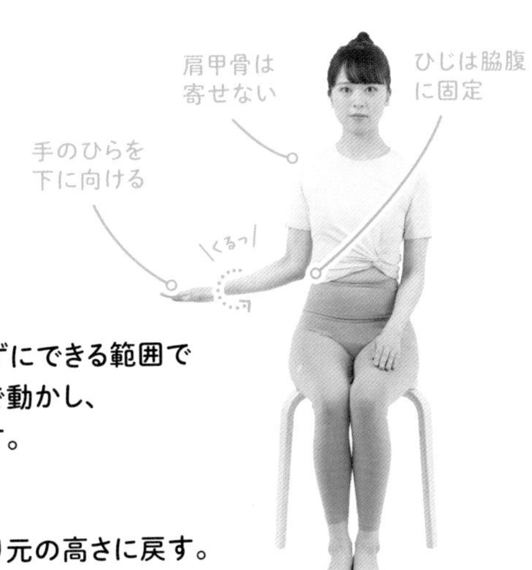

2 肩甲骨を寄せずにできる範囲で腕を体の横まで動かし、手のひらを返す。

3 ひじをまっすぐ下にのばし、ゆっくり元の高さに戻す。これをくり返す。反対も同様に。

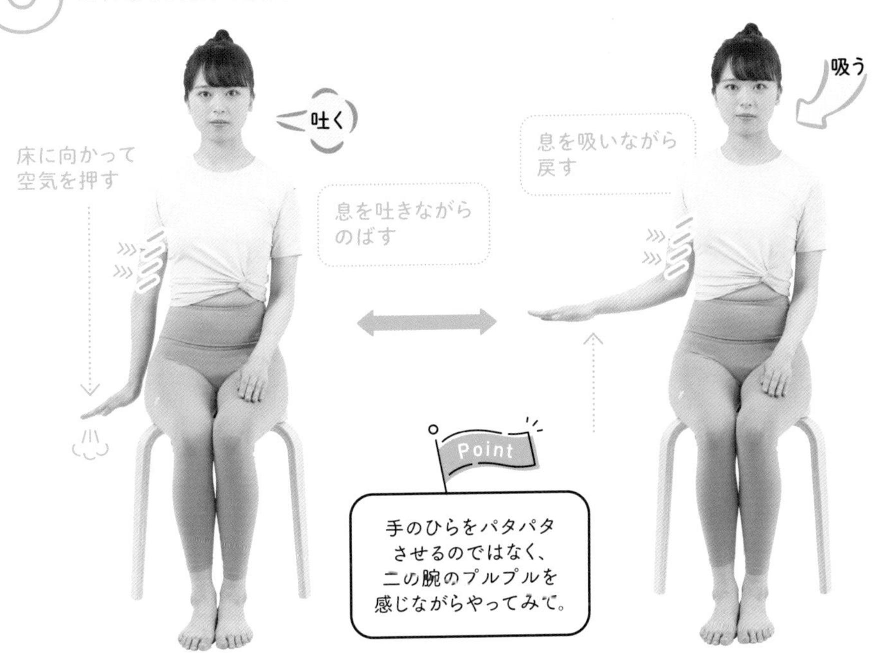

Q

反り腰を改善するために、まずは足裏を整えよう！という情報を見ました。何かしたほうがいいですか？

A

足裏への直接のアプローチは、基本的に必要ないと考えます。
足の指を引っ張る、足裏のストレッチ、テーピングなどは、体の一部分に対するアプローチ。全身をうまく動かすことを目的としているやせブレスにとって、小さい部位から取り組むことは良い結果につながりにくいからです。

また、足裏は立って歩くときに使われますが、そのとき頭の位置は高くなります。大切なパーツである頭を守ろうと、脳は自然と緊張スイッチを入れ、体が力みがちになります。まずは仰向けに寝て、土台の呼吸や背骨、肋骨を整えるほうが先だと考えます。

Q

やせブレスを卒業したら、やっぱり次はキツい筋トレにチャレンジすべき？

A

運動初心者さんは、まずやせブレスをマスターしてからキツいトレーニングにレベルアップしてみましょう。正しい呼吸方法や姿勢を身につけないまま、トレーニングにチャレンジしてもあまり意味がないからです。

僕自身、筋トレが好きで10年ほど続けていますが、徐々に強度を上げていく過程であるときからケガが増えはじめました。

ケガが治る→トレーニングをする→ケガをする

このくり返し、しかも同じ部位ばかりを痛めていたので、体のバランスを整えないといけないと痛感しました。

体が上手に操れないとトレーニング中、自分の得意な体の動かし方ばかりをしてしまい、一部分の筋肉に偏ります。その結果、腰や肩などのケガにつながるのです。ですが、やせブレスを取り入れてからケガとは無縁になりました。

自分自身のできる範囲のキツいトレーニングとやせブレス、ダブルで取り組むことがオススメです！

Part3

ライフ
スタイル編

ブレス&エクササイズで体を整えながら
生活習慣を変えていくと
より効果的に体が変わります。
「これならできそう!」と思ったものを
1つプラスするだけでもOK。
健康になるためのアイデアをご紹介します。

ユウトレ
×
監修:河村玲子(管理栄養士×パーソナルトレーナー)

目標は生物として強くなるライフスタイル

「生物として強くなる」。いきなりキャッチーな言葉が出てきて、頭にハテナが浮かんでしまうかもしれません。簡単にいうと「ストレス耐性をつけよう」ということです。

運動不足、偏った食事内容、カフェインやアルコールの過剰摂取、人間関係の悩み、スマホやパソコンの酷使……これらは、心と体に過度な負担をかける「生物として弱くなる行動」です。仕事や家庭のことで忙しい日々を送っていると陥りやすい状況ですが、心身ともにダメージを与えることにつながります。

ストレスに負けない心と体を作るには運動習慣をつける、栄養バランスの良い食事をとる、十分な睡眠の確保、過剰な光・音・ニオイといった刺激を避ける、環境を変え、チャレンジ精神をもつ、などといったアクションを取り入れてみましょう。

「生物として強くなること」を目標にすると体が整い健康美が叶う！

「やせたい」「今の体を変えたい」と思い立ったとき、人は極端なことをはじめがちですが、今の生活を見直して整えることがなにより大切です。できる範囲で無理のないように！ 健康美は、心身ともに満たされて成り立ちます。

目標は1日8000歩	疲労回復できるほどの睡眠時間の確保	特定のものだけでなく、多様な食品をバランスよく取り入れる
抵抗力UPのため太陽光を浴びる	新しいことにチャレンジする、勉強する	悪いストレスを遠ざける

前向きで明るい気持ち、元気で疲れにくい体の基礎となり、生物として強くなります。

「分かっているけど、そんなのできない！」と思う人もいるでしょう。その気持ち、とても分かります。生活習慣や環境を変えることは容易ではありません。だからこそ、ほんの小さな変化でも素晴らしいことです。「これっぽっちしかできなかった」と自分を責めないでくださいね。

Part3では、誤ったダイエットで自ら生物として弱くなってしまわないように、ライフスタイルを整えるためのヒントを紹介します。取り入れやすいもの、これならできるというものからやってみましょう！

ライフ
スタイル編

ストレス

過度なストレスは体を弱らせ食に走らせる!

監修:河村玲子(管理栄養士×パーソナルトレーナー)

私たちは外部からなにかしらの刺激を受けると、それに対して心と体が反応します。この外的刺激を「ストレッサー」といい、刺激に対応しようとして生じる心と体の反応を「ストレス反応」といいます。ストレッサーにはさまざまな種類がありますが、現代人は特に対人関係といった心理的・社会的ストレッサーがその多くを占めています。

ストレスがかかると体はそれを解消しようと対応します。適度なストレスはやる気や達成感をもたらしますが(良いストレス)、強すぎたり慢性的に続いたりすると、心と体にさまざまな不調をもたらします。頭痛や肩こり、下痢や便秘、消化性潰瘍や気管支喘息、高血圧、高血糖、うつや不眠、依存症や暴力などを引き起こしてしまうことがあります。

また、私たちは過度なストレスが

ストレスを知る

3つのストレッサー

物理・化学的ストレッサー
→暑さや寒さ、音、光など

生理的ストレッサー
→病気、ケガ、睡眠不足、飢えなど

心理・社会的ストレッサー
→人間関係、仕事や家庭の問題による怒り、不安、緊張、恐怖など

心と体への影響

心理面
→不安、イライラ、気力や活力の低下など

身体面
→不眠、自律神経の乱れ、高血圧、高血糖など

行動面
→暴飲暴食、飲酒量や喫煙量の増加、ミスや事故

ストレスでむくむく

偽の食欲に注意！

感覚的な食欲

視覚や嗅覚の情報から起こる食欲。視界に入るところにおやつを置かないなどの工夫を！

ストレスによる食欲

食べることで忘れたり発散したりしたくなるような、不安や不満をため込まない。さらに、食べる以外の発散方法を探してみて。

行動パターンによる食欲

「疲れたら甘いものを食べる」「ランチの後にカフェオレを飲む」など、行動と飲食がセットで習慣化してしまわないように気をつける。タンパク質、発酵性食物繊維をとることで食欲をコントロールしやすくなります。

おすすめの食材
○ 発酵性食物繊維を含むもの：
大麦、オートミール、全粒粉、玄米、海藻類、豆類、玉ねぎ、バナナ、ごぼうなど

かかると、それが顕著に食生活に表れます。急性のストレスは食欲を抑えますが、解放されるとホッとして途端にお腹が空くという経験はありませんか。さらに、慢性的なストレスにさらされていると戦いに備えるべくストレスホルモンが分泌され、空腹を感じたり脂肪をため込んだりしようとします。これではせっかくのダイエットも台無しです。

ストレスは体を弱らせます。体を変えたいと思ったときは何か新しいことをはじめるより、まずは今あるストレスを減らしたり解消したりすることからはじめましょう。食べることには緊張を和らげたり気持ちを安定させたりする効果もあるため、ストレス解消には手っ取り早い手段ですが、好きなことや興味のあることで自分なりのストレス解消方法を見つけることも大切です。

ライフスタイル編
体の変化

若い頃のようにやせられないのはなぜ？

監修：河村玲子（管理栄養士×パーソナルトレーナー）

20代の頃から体重が増加し、あのときの体重になかなか戻れないと悩んでいませんか。若い頃はダイエットを試せばすぐに体重に変化があったのに、いくら食事を減らしても運動をしても思うような結果が出ない。それどころか、太りやすくなったと多くの人が感じています。

40代頃からやせにくく、太りやすくなる原因の1つに運動量の変化があります。学生の頃は授業や部活で強制的に運動習慣が作られていましたが、社会人になると運動する機会が減少します。運動不足により、使われなくなった筋肉は衰えていき、筋肉量が低下。老化も相まって、基礎代謝（P123）が落ちて、感染症や糖尿病などの病気にかかるリスクも高まります。

さらに、若い頃と同じ食生活を続けていると、知らないうちに食べす

40代頃からやせにくくなる理由

1 運動量の減少
2 筋肉量の減少
3 基礎代謝の低下
4 若い頃のままの食事量
5 ホルモンバランスの変化

大人は極端なダイエットはNG

高すぎる減量目標

2カ月で10kg以上の減量など、短期間のダイエット経験はありませんか？ 成功したとしてもキープできずリバウドするのはもったいない！ 無理のない減量計画を立て、体重をコントロールしましょう。

過度な糖質制限

ダイエットというと、まず糖質制限に挑戦する人が多い傾向にあります。しかし、糖質は運動や脳の最重要エネルギー。過度の制限は無意識のうちに活動量を下げたり、集中力の低下につながったりします。

基礎代謝以下の摂取カロリー

食事を抜いたり総摂取カロリーを基礎代謝以下にしたりすると、筋肉を分解してエネルギーに変えようとします。筋肉量が低下すると、基礎代謝も下がり、心身の不調を招きやすくなります。

ぎになっている可能性もあります。若い頃に比べて、大人になると飲食の幅が広がり自由に食べ物にアクセスできることから、ついつい食べすぎてカロリーオーバーになりがちです。基礎代謝が下がれば、それだけ1日に必要な総摂取カロリーも変わります。今の食事が年齢や生活状況に合った内容かどうか、一度見直してみると良いでしょう。

また、女性の場合、ホルモンバランスの変化も関係します。40歳をすぎた頃から、エストロゲン（P117）という女性ホルモンの分泌量が急激に減少します。エストロゲンには内臓脂肪の蓄積を防ぐ役割があるため、年齢とともに脂肪のつき方が変わってくるのです。

ライフスタイル編

体の変化

女性ホルモンとダイエットの関係

監修：河村玲子（管理栄養士×パーソナルトレーナー）

月経のある女性の体は、女性ホルモンのバランスが変化することで約2週間単位で変化します。体調やメンタルに影響が出る人や、体重が大きく変動する人もいます。個人差がありますが、人によっては1～2kg増減することもあります。これは、体内に水分を蓄えようとするホルモンの働きが原因であり、突然脂肪が増えたわけではありませんので、落ち込んだりダイエットに走ったりする必要はありません。

月経周期に伴う体重の増減が常に一定であれば、心配は無用です。増えた体重は主に水分で、脂肪ではありません。体重が軽いほうの数字を「本来の自分の体重」と思いがちですが、どちらも自分の体重であることを受け入れましょう。

月経周期とホルモンバランスの変動

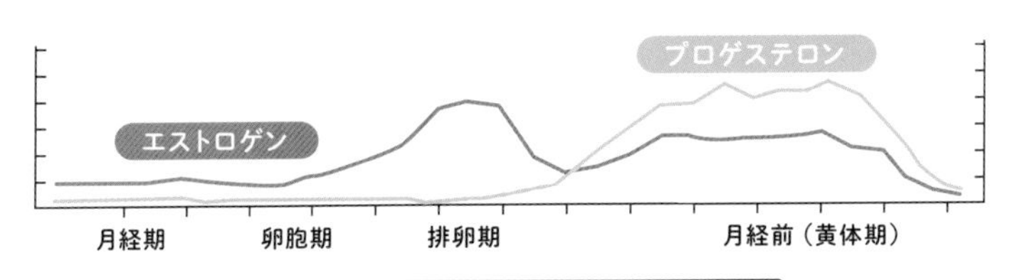

2つの女性ホルモン

エストロゲン：「女性らしさ」を作る卵胞ホルモン

- 成長とともに分泌量が増え、乳房や子宮などの生殖器を成長させる
- 髪や肌のうるおいを保つ
- 骨量を維持する
- コレステロール値を調整し動脈硬化を予防する
- 自律神経を安定させる
- 40歳を過ぎると分泌量が急激に減少し「更年期障害」と呼ばれる心と体の不調を招く

プロゲステロン：「妊娠」に備える黄体ホルモン

- 妊娠の成立に向けて子宮内膜を整え体温を上げる
- 乳腺を発達させる
- 食欲を増加させる
- 体内に水分をため込もうとする
- 気分を不安定にさせる
- 眠くなる

月経前の過食に振り回されないために

排卵後から月経がはじまるまでの期間を「黄体期」と呼び、妊娠に備えて黄体ホルモンの動きが優位になります。体が水分や栄養をため込もうとするため、むくみやすくなる、便秘になるなど、一般的に太りやすい時期といわれます。さらに、心を安定させるエストロゲンという女性ホルモンの分泌量が減るため、イライラしやすく、それが食欲を増加させるきっかけにもなります。

月経前に増す食欲をコントロール！

排卵期に黄体ホルモンが分泌されると、誰でも食欲が増すもの。これをいかにコントロールするかが、体重をキープもしくは減量するために大切です。

よく噛んでゆっくり食べる

しっかり噛むことで脳の満腹中枢や交感神経を刺激し、満腹感を得られやすくなります。

タンパク質や脂質の後に糖質をとる

血糖値が上がりづらくなることで、脂肪の合成を促進するインスリンの分泌が少なく済みます。また、食欲を抑制する働きのあるインクレチン*が出ることで、糖質の食べすぎを防ぎやすくなります。

お腹が空いたときはタンパク質の間食を

タンパク質は脂肪に変換されづらいうえ、強力な食欲抑制作用があります。筋肉を維持するのにも必要なので、小腹が空いたときにこまめに補給する習慣をつけることで、甘いものを食べたい欲を抑えてくれます。100kcalあたり、7g以上のタンパク質が摂れるものを選ぶのがおすすめ。

*食事をすることで小腸が刺激され、消化管から分泌されるGLP-1などのホルモンの総称。

Q

なぜ甘いものを食べたくなっちゃうの？

A

「効率的に太れるから」

砂糖や脂質をとると人間は効率的に太ることができます。月経前に、甘いチョコレートやケーキ、油たっぷりの揚げ物やスナック菓子を食べたくなるのは、体が栄養をため込もうとする生理的な欲求です。意志が弱いからではありません！

ライフスタイル編
食事

女性必読！
年齢を重ねていくうえで意識してとるべき栄養素

監修：河村玲子（管理栄養士×パーソナルトレーナー）

栄養のバランスが崩れたり、何かが極端に不足した状態が続くと、慢性的な疲労感、便秘や下痢、甘いものを食べたい欲求が起こるなどといった不具合が起こります。タンパク質、脂質、炭水化物（糖質・食物繊維）、ビタミン、ミネラルといった5大栄養素を意識してとるようにしましょう。

人は歳を重ねることで、代謝が落ちるなどの変化が起こりますが、それに加えて女性はホルモンバランスが大きく変わります。若い頃と更年期を迎える頃では、体はまるで別物です。この変化に対応するためにも、不足しがちな栄養素を意識してとることが非常に大切になります。

女性に必要な6つの栄養素

1 鉄（P.119）
2 抗酸化物質（P.119）
3 カルシウム（P.119）
4 ビタミンD（P.120）
5 大豆イソフラボン（P.120）
6 タンパク質（P.120）

鉄

月経中の貧血を予防！

鉄は体内に酸素を運ぶ大切な役割を持ちます。鉄が不足すると体の各部位が酸素不足になってしまうため、体が重い、息がきれる、顔色が悪い、疲れやすいといった症状が現れます。これが「鉄欠乏性貧血」です。

鉄は日本人が不足しやすい栄養素であり、女性は月経がある年代は1日10.5g、月経がない年代は6.5gを目安にとることが推奨されています*。20～40代の女性の2/3は潜在的に鉄が足りていないという報告もあり、月経があるのであれば意識してしっかりととらなくてはいけません。

*「日本人の食事摂取基準（2020年版）」（厚労省）

おすすめの食材

○ ヘム鉄：主に動物性食品に含まれるもの　吸収率が高い

→**豚・鶏・牛レバー、牛ヒレ肉、カツオ、イワシ、マグロなど**

○ 非ヘム鉄：主に植物性食品に含まれるもの　吸収率が低い

→**牛乳、貝類、ココア、大豆、ひじき、小松菜、鶏卵など**

鉄の吸収率をアップさせるには、食べ合わせが大切！

- ビタミンCを含むもの（フルーツなど）と一緒に食べると鉄の**吸収率がUP**
- タンニンを含むもの（コーヒー、緑茶など）と一緒にとると鉄の**吸収率がDown**

抗酸化物質

体の酸化を抑制！

活性酸素を取り除き、体が酸化するのを抑制する作用があります。活性酸素が体内で大量に作られると、老化、免疫機能の低下、動脈硬化、がんなどを引き起こします。

○ ポリフェノールを含むもの：

→**ブルーベリー、豆類、そば、緑茶、紅茶、ウーロン茶など**

○ カロテノイドを含むもの：

→**緑黄色野菜、フルーツ、エビやカニなどの甲殻類、サケ、マスなど**

カルシウム

骨粗しょう症のリスクを減らす！

更年期に入り女性ホルモンの分泌量が低下すると、骨密度が急激に減るため骨折が起こりやすくなります。過度な食事制限による栄養不足は、未来の骨粗しょう症の原因に。

○ カルシウムを含むもの：

→**牛乳・乳製品、小魚、干しエビ、小松菜、チンゲン菜、大豆製品など**

あわせてとりたい栄養素

ビタミンD（P.120）、ビタミンK（納豆、ホウレン草、小松菜、ニラ、ブロッコリーなど）

ビタミンD

カルシウムの吸収をUP！

ビタミンDはカルシウムと一緒にとることでカルシウムの吸収率を高めることができます。不足すると骨の軟化が起こり、骨粗しょう症の一因となります。また、紫外線に当たることでビタミンDが皮膚で産出されるため、適度な日光浴も大切です。

○ ビタミンDを含むもの：
→ **魚類（サケ、イワシ、サンマ、メカジキ）、しいたけ、キクラゲ、卵など**

大豆イソフラボン

女性に必須の栄養素！

大豆イソフラボンは構造が女性ホルモンのエストロゲンに似ていることから、閉経前の時期（更年期）に補うことで、体調を整える作用が期待できます。また、生活習慣病、がん、骨粗しょう症を予防する効果もあるといわれています。

○ イソフラボンを含むもの：
→ **大豆製品（豆乳、豆腐、納豆、きなこなど）**

タンパク質

筋肉や血液を作る栄養素
若い頃のタンパク質量では足りない！

生命を維持するために欠かせない、体を作る栄養素。20種類のアミノ酸で構成され、筋肉、臓器、血液、髪や爪などの原料であり、ホルモンや抗体などを作るための材料でもあります。お腹がぽっこりしてくると体重を減らさなければと考えがちですが、それは姿勢を支える筋力が弱くなっていることに原因があるケースが非常に多いです。過度な食事制限をしてタンパク質の摂取量が減ると、体にある筋肉内からタンパク質を使おうとしてしまいます（筋肉の分解）。

さらに、更年期にさしかかると女性ホルモンの分泌量が急激に減少し、ホルモンバランスが崩れることで心身の健康に大きな影響を及ぼします。タンパク質は更年期の体調を整えるためにも、非常に重要な役割を果たします。また、加齢とともにタンパク質を利用する能力（効率）が低下するため、若い頃と同じ摂取量では不足してしまいます。年齢を重ねると、タンパク質はより重要になるのです。

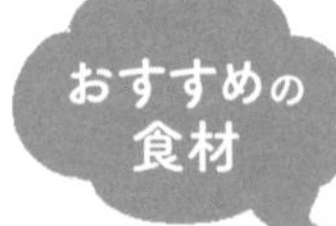

タンパク質というと、鶏のムネ肉やササミばかりを食べるイメージがありますが、鶏肉のさまざまな部位、牛肉、豚肉、魚など、多様な食材に含まれるタンパク質と脂を、バランスよくとることが大切です。毎日脂身たっぷりのお肉を食べ続けるのはもちろん避けたいですが、全く食べないのもおすすめできません。

○ 動物性タンパク質を含むもの：
→ **肉、魚、牛乳、チーズ、卵など**

○ 植物性タンパク質を含むもの：
→ **大豆、ひよこ豆、いんげん豆など**

プロテインを上手に活用

食品のみでタンパク質を頑張ってとろうとすると、どうしても脂質の摂取量も増えてしまいがち。脂質は他の栄養素の2倍以上のカロリーがあり、体脂肪として体に蓄えられやすい栄養素。とりすぎると肥満を招いてしまいます。そんなときは、栄養補助食品のプロテインをとり入れるのがおすすめです。

プロテインで太る?

タンパク質を体脂肪にするには多くのカロリーが使われるため、プロテイン自体が太る原因とは考えにくいです。プロテインを飲んで体重が増えたのなら、それは1日の総摂取カロリーがオーバーしている可能性があります。タンパク質はとりつつ、食事や間食の糖質や脂質を減らして1日の総摂取カロリーをコントロールしましょう。

植物性タンパク質は適度に

納豆、豆腐などもタンパク質を多く含みます。しかし、大豆製品は脂質の含有量が意外と多く、タンパク質をとるのに効率的とはいえません。大豆製品は毎日の食事にぜひ取り入れたいですが、1日1パックを目安にしましょう。

発酵食品も取り入れて

タンパク質ばかりとると悪玉菌が増えることで、腸内環境が悪くなるという報告があります。善玉菌を元気にするためにも、発酵食品を積極的にプラスするのがおすすめ。

タイミングも大切

タンパク質は体に蓄えられる量が少ないため、1食に偏って1日の必要量をとろうとするのはNGです。特に朝は栄養素が枯渇している状態なので、朝食は必ずとりましょう。1日の筋肉の合成を高める効果があります。3食の中でバランスよく、間食や寝る前、可能であれば3～4時間ごとに20～30gずつとると、さらに効果的です。

ライフスタイル編

食事

カロリーの収支バランスを知れば闇雲なダイエットに走らない

監修：河村玲子（管理栄養士×パーソナルトレーナー）

どんなに運動を頑張っている人でも、摂取カロリーが消費カロリーを上まわってしまうと脂肪が蓄えられ体重が増加してしまいます。今の体重をキープしたいなら摂取カロリーがオーバーしないように、体重を減らしたいのなら摂取カロリーを抑える必要があります。

1日に必要なエネルギーは、年齢、性別、運動量などにより変わってくるため、まずはそれを知ることからはじめましょう。目安を知っておくと極端なカロリー制限に走る必要はなくなるでしょう。

食事管理は面倒だから「運動して消費カロリーさえ増やせば大丈夫！」と思うかもしれませんが、実は運動による消費カロリーは微々たるもの。20分歩いてようやく体重と同じカロリーが消費*されます。効率的に体重を減らすなら、食事のコントロールを併用しましょう。

＊ 体重50kgの人は50kcal。

ダイエットの基本ルール

消費カロリー＞摂取カロリー

食事誘発性熱産生

食べ物の分解、消化、代謝の過程で消費されるエネルギー

→**栄養素の種類（P.F.C*[1]）と食べた量に依存。**

基礎代謝

生命維持に消費される必要最小限のエネルギー量

→**筋肉量に依存。筋肉が多い人ほど基礎代謝は高くなる。**

10%　30%　60%

身体活動量

日常生活の中での身体活動によるエネルギー消費（NEAT）と運動によるエネルギー消費

→**日々のちょっとした活動や運動をいかに増やすかでUP！**

1日の総摂取カロリーを基礎代謝以下にするのはとっても危険だよ！絶対ダメ！

*1 P＝タンパク質、F＝脂質、C＝炭水化物。

1 ［基礎代謝量を知る］

ウェブサイトなどで基礎代謝を計算できるサービスなどがあります。
性別、年齢、身長、体重を入力すると算出してくれるので、調べてみましょう。

国立健康・栄養研究所の式

((0.1238+(0.0481×体重kg)+(0.0234×身長cm)-(0.0138×年齢)-性別*[2]))×1000/4.186

*2：男性＝0.5473×1、女性＝0.5473×2　例）44歳・女性・158cm・60kg→1,196kcal/日

2 ［1日に必要な推定エネルギー量を知る］

基礎代謝量同様に、ウェブサイトなど計算してくれるサービスがあります。
調べてみましょう。

1日の推定エネルギー必要量 ＝ 基礎代謝量 × 身体活動レベル*[3]

*3 身体活動レベルは年齢などによって群分けされる3つのレベルがあります。レベルⅠ：生活のほとんどを座って静かに過ごし、活動量が少ない人。レベルⅡ：座って活動することが多いが、作業や移動、通勤、家事などを行う。レベルⅢ：移動や立って活動することが多く、スポーツなどの運動習慣がある。

3 ［減量したい場合は］

消費カロリー＞摂取カロリーにする。

例えば1カ月に1kg減らしたい ▶ 脂肪1kg＝7,200kcal

＼30日で減量する場合／

理想は運動と食事で半分！1日あたり240kcalを運動and/or食事でコントロール

※1カ月の減量は最大で体重の3〜5%未満が目安です。現在の体重がどのくらいあるか、運動がどれだけできるかで負担のない値は変わってきます。過体重の人は5%を目指しやすいですが、標準体重に近い人が5%を目指すのは厳しいです。極端な減量は健康を損ねるので控えましょう。

ライフスタイル編
食事

極端なカロリー制限は体を弱らせ理想の自分から遠ざかる

監修：河村玲子（管理栄養士×パーソナルトレーナー）

体重を減らすことに重きを置いたダイエットで栄養不足の状態になると、体の中がボロボロになってしまいます。頑張って目標体重になっても、「体重は減ったのに思う見た目じゃない」という声は意外と多く、体重が変化したからといって見た目が確実に変わるわけではないのです。減った体重分は、もしかすると筋肉や骨が減っているのかもしれません。それはダイエット（健康になる）にはあまりにも遠い、誤った行動です。

前ページで基礎代謝や総摂取カロリーの計算方法を紹介しましたが、個人差があるためあくまで目安であることを忘れてはいけません。食事のカロリーやPFCバランス[*]を管理する便利なアプリもたくさん登場し「見える化」できて管理がしやすくなりました。計画

＊ P＝タンパク質、F＝脂質、C＝炭水化物のバランスのこと。

ダイエットに禁止食はない！

「これを食べてはいけない」と決めてしまうと、食べられないストレスから過食に走ることがあります。ダイエットに禁止食を設けないほうが、制限されるストレスがないため過食防止につながります。

絶対食べてはいけないものはない

生クリームいっぱいのケーキや甘いフローズンドリンク、それをとったからといって、突然体重が増えるわけではありません。週に何回かは、甘いもの、揚げ物、お酒など、好きなものを楽しんでもOK。ただし、頻度や量が増えるほど、目標の体や健康からは遠ざかります。「頻度」や「量」が肝です。

減らすなら砂糖＆脂質から

減量したい、老化をゆるやかにしたいなど、健康と美容のためには砂糖を極力減らすのがおすすめ。吸収の速いタイプの糖質の過剰摂取は、老化を促進させます。また、食事の中で余分な脂質は減らしましょう。まずは、炒め物や揚げ物など、調理に使う油やドレッシングから減らしていくのがおすすめです。

一定期間避けてみる

甘いお菓子や飲み物、脂質の多い食べ物をずっと我慢し続けるのはつらいもの。そんなときは、期間を決めてしばらく我慢してみるのがおすすめです。最初はつらいかもしれませんが、次第に慣れて欲しくなくなることも。

意味のあるカロリーをとってみる

チョコレートやケーキで100kcalを食べるなら、フルーツやヨーグルトなどビタミンやタンパク質がとれる100kcalをとったほうが体にプラスになります。カロリー0のドリンクやゼリーなども上手に活用して。

的なダイエットを行う上ではメリットである一方、数字に囚われすぎる人も少なくありません。

健康で美しい体を作るには、体重や計算上の数字だけではなく、自分の感覚も大切です。例えば、スカートのウエストがゆるくなった、足のラインが変わった、体が軽い感じがする、朝起きやすくなったなど、こうした変化にも目を向けてみてください。すると、数字の変化が出ないときにも、ダイエットを楽しく続けられるでしょう。

極端な食事管理でカロリーを制限する引き算の考えよりも、まずはバランスの取れた食事で体を栄養で満たしてあげることが大切です。食べる＝太るではありません。必要な栄養で体を満たしてあげる「足し算」が、ダイエットの成功の秘訣です。

ライフスタイル編

睡眠

睡眠不足は百害あって一利なし

睡眠は心と体を回復するために必要な時間です。睡眠不足が続くと、心身ともにストレスに弱くなります。また、筋肉の疲れや痛みといった疲労感は、「ここで休まないと回復が追いつかなくなるよ」という体からのサインです。それを無視して無理を重ねると、一晩寝ても体の疲れが残ってしまう「過労」の状態に陥ります。

どんなに頑張ってバランスの良い食事をとっても、睡眠不足が続けば食欲を抑えるホルモン（レプチン）の分泌が減少し、食欲を高めるホルモン（グレリン）が増加してしまいます。

また、エクササイズで生じた筋肉のダメージを修復・再生する成長ホルモンが分泌されるのも睡眠中です。

適切な睡眠時間は？

1日6～8時間の睡眠が基本ですが、人によって必要な時間は変わります。個人差がありますが、1つの目安は「日中に眠たくならないこと」です。5時間しか眠れていなくても、日中を元気に過ごせているようならば、睡眠は足りていると考えます。

生活リズムを一定に

起床時間は毎日同じが理想です。週末に寝だめをしたり夜更かししたりするとリズムが狂ってしまいます。

深い眠りにつくために

寝る前のルーティーンをつくり、「この行動を終えたら眠りの時間がやってくる」と自分自身に覚えさせましょう。すぐに眠れないと焦ってしまうかもしれませんが、目をつむって横になるだけでも体は休まりますので、自分を追い詰めないでください。そのままゆっくりと深呼吸をする、一度ベッドから離れてみるのも良いでしょう。また、アルコールやカフェインは睡眠の質を下げますので、夕方以降、過剰に摂取するのは避けましょう。

寝室の環境を快適に

良質な睡眠をとるには就寝環境も大切です。暑いよりも涼しいと感じる室温が睡眠を手助けしてくれます。パジャマはウール素材がおすすめです。

夜更かしした30分は翌朝狂おしいほど寝たい30分に

就寝2時間前には食事と入浴をすませておきましょう。目から入ってくる刺激を減らすために、明るい照明を避けて間接照明に切り替える、強い光を発するスマホやテレビは見ないことがおすすめです。

著者　ユウトレ

パーソナルトレーナー、ピラティストレーナー。
大手パーソナルジム、フィットネスクラブでのトレーナー経験を生かし、反り腰改善、呼吸法など一生モノの知識をSNSで日々発信。SNS総フォロワー数約38万人。YouTubeでは立ったままできる「立ち筋トレ」シリーズが大ヒットし、幅広い層の女性から支持されている。新たなアプローチ方法・骨格姿勢改善ピラティス「#ほねピラ」をオンラインサロンで普及中。2024年、新宿にパーソナルジム「NewAns（ニュアンス）」をオープンし、体の悩みを持つ人を世の中から1人でも減らすために奮闘している。

X（旧Twitter）
▶@yutore10byo

YouTube
▶「ユウトレ」で検索

公式LINE

監修（Part3）　河村玲子

メンタル&フィジカルサポートスーパーバイザー、全米エクササイズ&スポーツトレーナー協会認定パーソナルフィットネストレーナー、管理栄養士。
食と運動の専門家として、監修、セミナー講師、食品やサプリのプロモーション、レシピ開発、トレーナーなど多岐に渡り活躍。

X（Twitter）▶@moveat_official
Instagram ▶@rd.reiko.kawamura

ユウトレディレクター　中矢邦子
カバーデザイン　松田 剛（東京100ミリバールスタジオ）
本文デザイン　松田 剛・猿渡直美・大矢佳喜子（東京100ミリバールスタジオ）
イラスト　奥川りな
撮　影　尾島翔太
モ デ ル　我妻美月（オスカープロモーション）
ヘアメイク　大貫茉央
撮影協力　YOGA WORKS CO., LTD.
校　正　株式会社聚珍社
編集協力　養田 桃（株式会社フロンテア）

1日1分！
やせブレスで下腹ダイエット

著　者　ユウトレ
発行者　池田士文
印刷所　株式会社光邦
製本所　株式会社光邦
発行所　株式会社池田書店
〒162-0851
東京都新宿区弁天町43番地
電話 03-3267-6821（代）
FAX 03-3235-6672

落丁・乱丁はお取り替えいたします。

ISBN 978-4-262-16597-4

［本書内容に関するお問い合わせ］
書名、該当ページを明記の上、郵送、FAX、または当社ホームページお問い合わせフォームからお送りください。なお回答にはお時間がかかる場合がございます。電話によるお問い合わせはお受けしておりません。また本書内容以外のご質問などにもお答えできませんので、あらかじめご了承ください。本書のご感想についても、当社HPフォームよりお寄せください。
［お問い合わせ・ご感想フォーム］
当社ホームページから
https://www.ikedashoten.co.jp/

24009503